# LIFE GREEN

暮らしに寄り添うグリーンと出会おう

# SELECT
# TOUR

IROHA PUBLISHING

グリーンと皆さんの出会いを
専門家たちがサポートします

近頃は世の中の常識が大きく変化する出来事が続き
同時にグリーンや自然の必要性を感じる声が
多く聞こえてくるようになりました。

暮らしにグリーンを取り入れるための相談が多く寄せられますが
その中で一番多いのが選び方についてです。

「好きだけど育てる自信がない」
「情報が氾濫していてどれが正しいかわからない」
「選ぶだけで疲れてしまう」

暮らしをより良くするためのグリーン選びを "難しい" と感じている方が
多くいらっしゃることがわかりました。

誰もが「失敗したくない」、 そう思うからこそ悩んでしまう訳ですが
その悩みは特別なことでもなんでもなく "当たり前" のことです。

私は屋内外のグリーンをコーディネートする仕事をしていますが
実はこれまでにたくさんのグリーンを枯らしてしまいました。

園芸の世界では「水やり3年」と言われているほど
水やりやお手入れは難しいものです。

「枯らさないように育てよう」と思うと難しく感じるかもしれませんが、
自分の目的やライフスタイル、環境に合わせてきちんと"選ぶ"ことで
少しでも失敗を減らすことができます。

この本では、皆さんが悩まず、楽しみながらグリーンを選べるように
専門家をガイドにした2つのツアーを用意しました。

おうちにいながらグリーン選びを楽しんでいただくために
どこでも買えるものから、なかなか見かけない珍しいものまで
幅広くおすすめのグリーンを集めています。

できれば、みなさん一人ひとりのグリーン選びにご一緒したいのですが
まだまだ大変な状況が続きますので、まずはこの本を開いて
おうちでゆっくり選んでみてください。

一人でも多くの方が長く愛せるライフグリーンを見つけ
おうち時間をグリーンと共に心地よく過ごせますように。

グリーンプランナー
森田紗都姫

# この本について

まずは、2つのツアー（選び方）の
どちらが自分に合っているかをチェック

LIFE GREEN SELECT TOUR ①

P.010

TOUR GUIDE ♥ グリーンプランナー

目的・置き場所で選ぼう

## 「リビングに大きなグリーンを置きたい」
## 「洗面所を爽やかにしたい」

など、目的が決まっている場合

リビングや玄関、ワークスペースなど、置きたい
場所は決まっているけれど、何を置いていいかわ
からないという人に、グリーンプランナーがおす
すめを紹介します。場所ごとに目的を持って選べ
ば、枯らしてしまうなどの失敗を減らすこともでき
ます。じっくり考えて選びたい人向けのツアーです。

「多肉植物を育ててみたい」
「エアプランツに興味がある」

など、種類が決まっている場合

観葉植物、エアプランツ、多肉植物・サボ
テン、ハーブなどの種類ごとに専門家がお
すすめを紹介します。どれも育てやすいも
のを中心に選んでいるので、この中からお
気に入りを見つけてみてください。直感で
選びたい人向けのツアーです。

LIFE GREEN
SELECT TOUR ②
P.092
グリーンの種類で選ぼう

TOUR
GUIDE
・生産者
・ショップスタッフ

# CONTENTS

**LIFE GREEN SELECT TOUR ①**

## 目的・置き場所で選ぼう

# グリーン項目の見方

**エバーフレッシュ**

木漏れ日の中で森林浴をしているような心地よい印象を受ける植物。お水が大好きなので水やりは頑張る必要がありますが、唯一無二の柔らかさを感じます。

·········································· 140 〜 200cm

どんなスタイルにも
空気をきれいに　樹形が選べる

**①** 写真：代表的な樹形を表した写真

**②** 名前：一般的な名前　※学名ではなく流通名で記載しています

**③** 環境ステータス：適した環境を簡易的に示すアイコン　※関東以西での育成を目安に表記されています

**④** 特徴などの詳細：特徴や注意点などを紹介

**⑤** サイズ：主に流通しているサイズ

**⑥** タグ：ツアーをまたいで好みの選び方をするために使用するタグ

〈スタイル〉に関するタグ一覧
シンプル　和風　北欧　インダストリアル　リゾート　どんなスタイルにも

〈効果や特徴〉に関するタグ一覧
空気をきれいに　加湿効果高め　樹形が選べる　暗めの場所でもOK　花を楽しむ　実を楽しむ
虫除け効果　虫がつきにくい　成長ゆっくり　多年草　一年草　二年草　常緑樹　落葉樹

〈暮らし〉に関するタグ一覧
特に初心者向け　忙しい人向け　子供やペットがいる　料理に使える　飲み物に使える　ドライフラワーになる

〈季節〉に関するタグ一覧
春に楽しむ　夏に楽しむ　秋に楽しむ　冬に楽しむ

# 目的・置き場所で
# 選ぼう

## TOUR GUIDE
### グリーンプランナー

# インテリアの主役になる
# 大きなグリーン

生活の中心になる場所にはどこからでも目に入りやすい大きなグリーンを置くのがおすすめ！ 空間にメリハリと心地よさを演出することができます。

**失敗しない選び方**

### 1 環境が適しているかで選ぶ

何より大切なのが置きたい場所とグリーンの樹形や好む環境が合っているかどうか。置き場所の日当たり、風通し、広さを把握してから選ぶと◎。

### 2 理想のサイズや樹形で選ぶ

観葉植物の成長は遅く、理想通りに育てるのはプロでも難しいです。そのため、選ぶ段階でサイズと樹形は好みのものを選ぶのがベスト。

### 3 インテリアのイメージで選ぶ

インテリアの主役になるということは、空間のイメージに合ったものを選ぶことが大切です。葉の大きさや色、形、樹形が空間に合うかどうかイメージしながら選びましょう。

## ウンベラータ

ハート形の大きな葉っぱが特徴で、不動の人気を誇る植物。環境の変化で葉を落とすので樹形の維持は難しいものの、再生力がすごいので枯らしにくいのも特徴。

·······140 ～ 200cm

どんなスタイルにも

加湿効果高め　特に初心者向け

## エバーフレッシュ

木漏れ日の中で森林浴をしているような心地よい印象を受ける植物。お水が大好きなので水やりは頑張る必要がありますが、唯一無二の柔らかさを感じます。

·······140 ～ 200cm

どんなスタイルにも

空気をきれいに　樹形が選べる

## ベンガレンシス

人気のゴムノキの中でも、この品種
が一番丈夫で育てやすくおすすめ。
初めてゴムノキを育てる人はまずこれ
から育ててみましょう。

·········································140〜200cm

`シンプル` `北欧`
`樹形が選べる` `特に初心者向け`

## ジャンボリーフ

ゴムノキの仲間でまだ流通量がそこまで多く
ない希少種。ブラウンの幹肌と深いグリー
ンの光沢葉の組み合わせがなんともかっこ
いい。

·········································140〜200cm

`シンプル` `インダストリアル`
`樹形が選べる` `忙しい人向け`

## ドラセナ
## コンシンネ マジェンタ

見る角度によって赤や緑、茶色に見える
深みのあるシャープな葉が特徴。縁起の
いい樹木とされ、育てやすさもあり、ギフ
トにもおすすめ。

............................140 〜 200cm

`インダストリアル`　`リゾート`
`樹形が選べる`　`忙しい人向け`

## ブラキキトン

根元が肥大し、ワインボトルのような形をし
ていることからボトルツリーとも呼ばれてい
ます。ユニークな樹形と繊細な葉でファン
が多い植物。

............................140 〜 200cm

`シンプル`　`インダストリアル`
`忙しい人向け`

## パキラ

上部にしか葉っぱがつかないのが特徴。虫が付きにくく、とても丈夫、毒性もない上に、水やりも楽。どんな方にもオススメです。

·······························140 ～ 200cm

どんなスタイルにも
暗めの場所でもOK　虫がつきにくい
子供やペットがいる　特に初心者向け

## ハシラサボテン

室内で楽しめる育てやすいサボテン。冬以外は1カ月に1 ～ 2回の水やり、冬～春先までお水いらずで寒さに気をつければ管理はとても楽。

·······························60 ～ 160cm

シンプル　インダストリアル
樹形が選べる　特に初心者向け

## パンダガジュマル

多幸の木と呼ばれ、誰もが知る縁起のいい
植物。ガジュマルの中でも希少種であるパ
ンダガジュマルは葉っぱが真ん丸でかわい
らしいのが特徴の人気者。

································· 120 〜 160cm

`シンプル` `北欧`
`虫がつきにくい` `子供やペットがいる`

## アムステルダムキング

ゴムノキの仲間でアムステルダムで改良
されたことからこの名がついたとも。とに
かく丈夫で育てやすく、初心者に安心し
ておすすめできる植物です。

································· 140 〜 200cm

`シンプル` `インダストリアル`
`暗めの場所でもOK`
`忙しい人向け` `特に初心者向け`

# 棚やテーブルに飾る<br>小さなグリーン

テーブルや棚の上、天井などのちょっとした空間に<br>グリーンを飾ってみましょう！ 小さなかわいいグリーンは<br>インテリアのポイントとして大活躍します。

**失敗しない選び方**

**① 乾燥に強い<br>ものを選ぶ**

テーブルサイズのグリーンは、鉢のサイズが小さいため土が乾きやすく、大きなものよりこまめな管理が必要。不安な方は、初めから乾燥に強いものを選ぶと◎。

**② 鉢と一緒に<br>選ぶ**

テーブルサイズのグリーンの鉢は素材や柄、形まで種類が豊富です。小さいからこそ鉢とのバランスが大切なのでできる限り同時に購入することをおすすめします。

**③ 好みの<br>色・形で選ぶ**

大きな観葉植物は環境や性質なども考慮が必要ですが、テーブルサイズのグリーンは置き場所を変えやすいので自分の好きな見た目で選んでもOK！

## ガジュマル

初めて買った観葉植物はガジュマル！という人も多い植物。多幸の木と呼ばれていて縁起がいい上に育てやすいのでギフトにもおすすめ。

························································ 〜 50cm

どんなスタイルにも

暗めの場所でもOK　特に初心者向け

## キンモウコ

動物は飼えないから代わりに植物を、という人におすすめしたいキンモウコは、思わず撫でたくなる体毛を持つ不思議な植物です。

························································ 〜 50cm

和風　リゾート　虫がつきにくい

## ドラセナ
## ジェイドジュエル

緑と白のコントラストが効いた、ストライプ模様の光沢葉が特徴。ダークトーンの空間にもホワイトカラーの空間にもなじみます。

························································ 〜 50cm

どんなスタイルにも

虫がつきにくい　忙しい人向け

### ベンジャミン バロック

下向きにくるんとカールした葉が個性的で
かわいい植物。葉に光沢があるので、上
品な印象を演出できます。

·············· ～ 80cm

`シンプル` `北欧`
`虫がつきにくい`

### コルジリネ

間接照明が効いた、ダークトーンのインテ
リアになじみます。水やりの頻度が低く、虫
もつきにくいため、葉の形状が維持しやす
いです。初心者に安心の植物。

·············· ～ 60cm

`シンプル` `インダストリアル`
`虫がつきにくい` `特に初心者向け`

### リプサリス

自生地では「森のサボテン」と呼ばれてい
る枝分かれ姿が個性的な多肉植物。丈
夫で虫がつきにくく、比較的暗い所でも楽
しめるのも人気のポイント。

·············· ～ 60cm

`どんなスタイルにも` `虫がつきにくい`
`忙しい人向け`

### アロエ ストリアツラ

シャープな多肉質の葉が特徴のこのアロエは、
耐寒性がない品種が多いアロエの中でマイナス
7℃まで耐え、庭にも植えられる貴重な品種。

········································ 〜 30cm

インダストリアル　リゾート
空気をきれいに　忙しい人向け

### カシワバゴムノキ

花が開いたように波打つ葉は小さ
いサイズでもインパクトが大きい。
光沢と深みのある緑葉はどこから
見ても雰囲気抜群。

··················· 〜 60cm

シンプル　インダストリアル
暗めの場所でもOK

### フィッシュボーンカクタス

ジグザグと、魚の骨のように伸びている姿から名前が
ついたユニークなサボテン。飾っているだけで楽しい
気持ちになれるインテリア性の高い植物です。

········································· 〜 80cm

どんなスタイルにも　樹形が選べる
忙しい人向け　子供やペットがいる

### サンスベリア
### シルバーキング

銀色の葉に緑の縁取りが入った葉はサンスベリアの
中でも希少。毒性がなく安全、水やりの頻度も低い
ので手間いらずです。

········································ 〜 30cm

シンプル　北欧　空気をきれいに　忙しい人向け

# 空間に個性をプラスする
# アクセントグリーン

グリーンには思わず見入ってしまうような不思議な樹形、葉柄、葉色をしたものがあります。お部屋のアクセントとして、生きているアートを飾ってみましょう。

## 失敗しない選び方

### ① 飾る場所で選ぶ

アートやインテリアの一部として飾るグリーンは、部屋の印象を大きく変えることもあるので、配置を考えてから選びましょう。

### ② 鉢とセットで選ぶ

個性的な葉っぱや形のグリーンは鉢選びも重要です。グリーンの美しさが引き立つような鉢を一緒に購入しましょう。

### ③ 育てやすさに注意して選ぶ

見た目が華やかな品種は管理が難しくビギナーには向かないものも多いので、購入前にお店のスタッフに難易度を確認しましょう。

## ハシラサボテン
## 切り込み仕立て

カットした断面が星形になるインパクトのあるハシラサボテン。時期を選べば自分でも胴切りしたものを乾燥させ、挿し木として増やすこともできます。

............................................ 〜 100cm

シンプル　インダストリアル
樹形が選べる　忙しい人向け

## クロトン（らせんタイプ）

誰もが目を引く赤、黄、緑のコントラストと昆布のようにウネウネと曲線を描く葉っぱが特徴的。まるでアート作品のような存在感です。

.................................................. 〜 60cm

インダストリアル　リゾート
樹形が選べる　特に初心者向け

## ディオーンスピヌロスム

種と羽のような葉が南国の雰囲気を演出
してくれます。ソテツの仲間ですが成長
はゆっくりでとても育てやすく丈夫です。
........................................................ 〜 40cm

和風 リゾート
虫がつきにくい 特に初心者向け

## ミルクブッシュ

珊瑚のような見た目から「緑珊瑚」と呼ばれ
ているユニークな植物。名前の由来である
白い樹液は触るとかぶれるので要注意！
........................................................ 〜 60cm

どんなスタイルにも
空気をきれいに 忙しい人向け

ドッティ

## カラテア

カラテアは南アメリカに約300種類が自生する植物で、まるでアートのような個性的で美しい葉が特徴です。観葉植物は花を咲かせるものが少ないので、カラテアで空間に鮮やかなインパクトをつけてみてはいかがでしょうか。直射日光に当てると葉が傷んでしまうので、明るい日陰で管理してください。

............................................ 〜 40cm

どんなスタイルにも　暗めの場所でもOK

インシングニス

フレディー

# 華やかな気持ちでお迎えできるウェルカムグリーン

玄関は比較的暗く、風通しの悪いスペースになることが多く寂しい印象になりがちです。帰宅時やお客様が来たときに華やかな気持ちになれるグリーンを選びましょう。

## 失敗しない選び方

### ① 強健なものを選ぶ

玄関は配置上北側や、窓がない環境が多く、日当たりや風通しが悪いことがあります。病気や虫に強く、耐陰性があるものを選びましょう。

### ② 乾燥に強いものを選ぶ

目が行き届く範囲ではないため、お手入れがおろそかになりがちです。できるだけ乾燥に強く、水やりの手間がかからないものを選びましょう。

### ③ 色やシルエットで選ぶ

玄関に飾るグリーンは一番に視界に入るシンボリックな存在になります。ですからアートやインテリアの考え方で玄関の色味や素材に調和したグリーンを選びましょう。

## ストレリチア
## オーガスタ

根本から大きく開いた葉が特徴。葉の面積が多い分蒸散作用が他の観葉植物に比べて高く"生きた加湿器"としての役割も。

......................................... 60 〜 140cm

シンプル　リゾート

空気をきれいに　加湿効果高め

特に初心者向け

## ユッカ

風水では邪気払いの効果があると言われていて、出入り口である玄関に飾ると効果がありそう。乾燥にも強いので水やりもとっても楽。

......................................... 60 〜 140cm

インダストリアル　リゾート

虫がつきにくい　忙しい人向け

華やかな気持ちでお迎えできるウェルカムグリーン　｜　25

## シェフレラ
## ハッピーイエロー

見た目も名前もハッピーなグリーン。葉が上向きに開いているため玄関やキッチンに置くと家全体の気の流れが良くなるという話も。

·························· 60 〜 200cm

`シンプル` `インダストリアル`
`暗めの場所でもOK`
`特に初心者向け`

## ベンジャミン

小ぶりな葉をたくさん茂らせ、「永遠の愛」「友情」などポジティブな花言葉を持つことから、開店祝いや結婚祝いのプレゼントによく贈られます。

·························· 60 〜 180cm

`シンプル` `和風`
`空気をきれいに`

### ゴールデンポトス

一番丈夫と言っても過言ではないくらい、強健で育てやすい
植物。少しくらい水をやらずにヘタッとなっても水をやれば
一晩で元通りになります。高さのある台に飾るのが◎

............................................ 60 ～ 140cm

どんなスタイルにも　暗めの場所でもOK　特に初心者向け

### ドラセナ
### コンパクタ

ハワイでは玄関に置くと幸福を
もたらすと言われています。名
前の通り葉が大きく広がらずコ
ンパクトにまとまるためスペース
を取らないのもうれしい。

............................... 60 ～ 140cm

和風　インダストリアル
暗めの場所でもOK
忙しい人向け

### フィロデンドロン
### レッドコアコンゴ

「華やかな明るさ」という花言葉を持ち、新芽が淡いピン
クの美しい植物。比較的暗い場所でも育ち、光沢の
ある葉がいいアクセントになります。

............................................ 60 ～ 140cm

どんなスタイルにも
暗めの場所でもOK　特に初心者向け

リビング | **玄関** | 寝室 | **バス・トイレ** | ワークスペース | ガーデン | ベランダ

# 水回りを爽やかな印象に変化させるグリーン

無機質で殺風景になったり、汚れが目立ちやすかったりするのが水回り。爽やかな印象のグリーンを置いて気持ちのいい空間にしましょう。

## 失敗しない選び方

### ① 土を使わないものを選ぶ

水場は清潔にしていても、土があるとコバエが発生しやすくなります。土を使わないハイドロボールなどで楽しめるグリーンを選びましょう。

### ② 日陰でも育つものを選ぶ

お風呂やトイレは薄暗いことが多いため、耐陰性のあるグリーンを選ぶと育てやすいです。

### ③ テラリウムやエアプランツを選ぶ

日当たり、風通し、湿気など課題が多い水場では、清潔で、ローメンテナンスのテラリウムやエアプランツもおすすめです。

ステレオスペルマム

ポトス

## ハイドロ観葉

ハイドロというのは人工の土・ハイドロボールのこと。 一つ一つの石に細かい穴がたくさん開いていて、その中に取り込まれた空気が植物に酸素を供給する仕組みになっています。水場は土があると湿気でコバエなどの虫が湧きやすくなるため、ハイドロボールに適性のある植物を購入し、土を落としてよく洗った上でハイドロボールに植え込んで楽しんでみて。

.................................～ 40cm

どんなスタイルにも
虫がつきにくい
暗めの場所でもOK
特に初心者向け

シェフレラ

サンスベリア

キセログラフィカ

## エアプランツ

インテリア性が高いエアプランツは、水場に特におすすめ。週に2～3回の水やりが必要なため手洗いのついでに水をあげると、うっかりミイラ化を防げます。ただし水やりの後はしっかり乾燥が必要。

.................................～ 40cm

どんなスタイルにも
虫がつきにくい　暗めの場所でもOK
特に初心者向け

セレリアナ

テクトラム

## テラリウム

置き場所を選ばないテラリウムもおすすめ。苔のみが植え込まれた苔テラリウムであれば育て方も簡単なので、手洗いのついでの管理で楽しめます。生活動線の中にうまく植物を配置するのも枯らさないコツの一つ。

.................................～ 40cm

どんなスタイルにも　特に初心者向け
虫がつきにくい　暗めの場所でもOK

水回りを爽やかな印象に変化させるグリーン　｜　29

リビング | 玄関 | 寝室 | バス・トイレ | ワークスペース | ガーデン | ベランダ

# 心地よく快適に眠れる グリーン

グリーンには空気をきれいにしたり加湿をしたり、睡眠にうれしい効果がたくさんあります。見た目にも身体的にも優しい空間にしましょう。

## 失敗しない選び方

### ① 日陰でも育つ ものを選ぶ

一日を通して薄暗い寝室は、観葉植物にとって良い環境とは言えません。半日陰から日陰で育つ耐陰性の強いグリーンを選びましょう。

### ② 葉に丸みのある ものを選ぶ

丸い葉のグリーンは穏やかで気持ちを落ち着かせる効果があり、近くに置くことでリラックスできます。また葉の面積が多いことで空気清浄、加湿効果も期待できます。

### ③ 乾燥に強い ものを選ぶ

寝室は寝る時間以外はあまり動線がない場所です。水やりをうっかり忘れてしまうこともあるため、枯れにくいものを選びましょう。

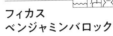

## シーグレープ

フワフワ浮いているように見える真ん丸の葉がかわいらしい植物。ゴムノキに似ていますが、全く違う種類で、その名の通り海辺に自生しブドウのような実をつけます。

·················· 100 〜 180cm

`シンプル` `北欧`
`樹形が選べる`

## フィカス
## ベンジャミンバロック

こちらはバロックのシンボルツリーサイズ。バロックという名前はいびつな真珠を示すbarrocoから来ており、自由な葉の形状を表現しているそう。

·················· 100 〜 180cm

`シンプル` `和風`
`暗めの場所でもOK`

## 中国ガジュマル

名前にガジュマルがつくものは、ほとんど水やりの手間がかかりません。完全に放置し続けない限り枯れることがめったにないので、忙しい人におすすめです。

·················· 〜 40cm

`どんなスタイルにも` `暗めの場所でもOK`
`特に初心者向け` `忙しい人向け`

## シェフレラ
## ホンコン

日本で販売されている観葉植物の中では珍しい、屋外でも育てられる品種。とにかく丈夫なため、軒先に無造作に育てられているのを見かけることも。

······························ 100 〜 180cm

どんなスタイルにも

暗めの場所でもOK

特に初心者向け

## シルクジャスミン

ミカン科で夏に柑橘の甘い香りのする花を咲かせます。光沢のある小さな葉が気持ちいい空間をつくってくれます。

······························ 100 〜 180cm

シンプル　和風

空気をきれいに

## ツピタンサス

手のひらを広げたようなツヤツヤのインパクトある葉が特徴で、成長すると曲がっていく幹も存在感があり楽しい。置き場所を選ばないのも◎。

························· 100 〜 180cm

`どんなスタイルにも`
`暗めの場所でもOK` `特に初心者向け`

## アジアンタム
## ブロンズビーナス

日陰といえばこれ、というくらい耐陰性のある植物の代表格。水が好きなので水やりの手間がかかるものの、日当たりが悪い寝室でも育てられる貴重なグリーンです。

························· 〜 60cm

`どんなスタイルにも`
`加湿効果高め`
`暗めの場所でもOK`

# 仕事や趣味がはかどる グリーン

集中して作業をする部屋では、少しの刺激があり、
精神状態を活発にする効果を持ったグリーンがオススメ。
また、育てやすさにも重点を置きましょう。

## 失敗しない選び方

**① 乾燥に強いもの を選ぶ**

あくまでワークスペースに飾るグリーンなので、手間がかかってしまうと仕事に集中できません。乾燥に強く、水やりの手間がかからないものを選びましょう。

**② 葉がシャープな ものを選ぶ**

シャープで繊細な葉は、リラックス効果に加え、集中力や生産性を高める効果があると言われているため、ワークスペースにぴったりです。

**③ 落ち着いた色味、 柄のものを選ぶ**

柄や色味が派手なものは、集中力を下げ、落ち着かない要素となってしまうので注意が必要です。

## ポリシャス
## フィリキフォリア

ワイルドな幹肌に、ギザギザとした細かな葉が茂る涼しげなグリーンで、洋室にはもちろん和室の雰囲気にも合わせられる。寒さには弱いので注意が必要。

...................... 100 〜 180cm

`シンプル` `和風`
`加湿効果高め`

## コルジリネ
## ストリクタ

青々として光沢のある、落ち着いたトーンの葉が魅力。ストリクタというのは強くて丈夫な品種なのでおすすめ。

...................... 100 〜 180cm

`シンプル` `インダストリアル`
`暗めの場所でもOK` `忙しい人向け`

## フィカスベビーリーフ

ゆっくり成長し、コンパクトながらもたくさんの葉を茂らせるレアなガジュマルの仲間。お手入れの簡単さはもちろん枝分かれした幹がクールです。

························· 100 〜 180cm

どんなスタイルにも
虫がつきにくい　特に初心者向け

## ケンチャヤシ

シャープな葉姿が一気にリゾートにいるかのような雰囲気を演出し、ゆっくりと本を読んだり仕事に集中できる空間をつくってくれます。

························· 100 〜 180cm

和風　リゾート
空気をきれいに　特に初心者向け

## サンスベリア

人体に有害な物質を吸収したり、日中だけでなく夜間も絶えず酸素を出し続けたりとうれしい効果がたくさんある植物。

················································ 〜 40cm

`どんなスタイルにも`
`空気をきれいに` `忙しい方向け`

## エバーフレッシュ

こちらは珍しい盆栽仕立てのエバーフレッシュ。陽の光を通す黄緑の葉とワイルドな幹肌は見ているだけでリラックスできそう。

················································ 〜 40cm

`どんなスタイルにも`
`空気をきれいに`

## ドラセナ コンシンネ

上向きの尖った葉を持つ植物は仕事運に良い影響があるという話も。ほとんど手間がかからないので取り入れやすい。

················································ 〜 40cm

`シンプル` `インダストリアル`
`虫がつきにくい` `忙しい人向け`

## オキシカルディウム

ポトスの仲間で、ハート形の葉っぱが愛らしい植物。暗い場所でも丈夫なのはもちろん、ポトスよりもさらに乾燥に強いので水やりがとても楽。

················································ 〜 40cm

`どんなスタイルにも` `暗めの場所でもOK` `特に初心者向け`

# 窓の景色を彩る
# 大きめのグリーン

都会やベッドタウンに住んでいる方は、窓からの景色が殺風景なことも少なくありません。室内だけでなく、ベランダをグリーンで彩って外の景色も楽しみましょう。

## 失敗しない選び方

### ① 常緑樹から選ぶ

マンションなどのベランダは共有部であることが多く、近隣に迷惑をかけないことが一番大事。落葉樹は葉っぱが一気に落ちてしまうので常緑樹から選びましょう。

### ② 株立ちのものを選ぶ

株立ちというのは根本から枝分かれしている木のこと。幹の太い一本立ちの木は雨風の影響を受けやすいので風通しがいい株立ちや枝分かれした木を選びましょう。

### ③ ゆっくり成長するものを選ぶ

成長が早いものは剪定などのお手入れも大変な上、雨風の影響が強くなります。ゆっくり成長するものを選びましょう。

### グレビレア
### ハニーワンダー

グレビレアの中でも珍しい斑入り
の葉が美しい品種です。オレンジ
の華やかな花を咲かせますが、花
期以外も年中明るい印象を与える
樹木です。

............................100 〜 180cm

どんなスタイルにも
常緑樹　花を楽しむ
夏に楽しむ

### ユッカ
### エレファンティペス

ユッカは、ほとんどの品種が0℃まで耐えるこ
とができ屋内外両方で楽しめます。水やりもほ
とんどいらず樹形もきれいでおすすめ。

............................100 〜 180cm

インダストリアル　リゾート
常緑樹　樹形が選べる　忙しい人向け

## バンクシア ウォールム

大人気のオージープランツ、バンクシアの中でも育てやすい品種。ブラシ状の花はインパクトがあり、花が終わった後もドライフラワーとして楽しめます。関東以西なら庭植えも可能。

·········· 50 〜 180cm

シンプル　インダストリアル
常緑樹　花を楽しむ
ドライフラワーになる　夏に楽しむ

## アカシア オーブンズ

三角の葉っぱが愛らしいアカシアの一種。春に淡いポンポン状の黄色い花を咲かせます。耐潮性があるので海の近くでも楽しめる貴重な花木。

·········· 100 〜 180cm

どんなスタイルにも　ドライフラワーになる
常緑樹　花を楽しむ　春に楽しむ

## アカシア
## スピネセンス

あまり大きくならない、個性的で葉姿
だけでもかっこいい樹木を探している人
におすすめ。春になるとシャープなトゲ
トゲの葉に黄色い花が咲き、そのギャッ
プに魅了されること間違いなし。
...................................... 100 〜 180cm

どんなスタイルにも
常緑樹　花を楽しむ
春に楽しむ

# 外で楽しめる<br>ワンポイントグリーン

洗濯物を干しにベランダに出たときに、グリーンが
少し目に入るだけでも気持ちがいいものです。
ベランダはあるものの、スペースは広くないという人には
小さめだけれど存在感があるものをおすすめします。

## 失敗しない選び方

### 1 1鉢で完成された<br>ものを選ぶ

狭いスペースだからこそ、
単体でも寄せ植えでも、1
鉢で完成された雰囲気が
つくれるものを選びましょ
う。複数ないと寂しい印
象のものだと逆に殺風景
になってしまいます。

### 2 大きくならない<br>ものを選ぶ

最終的にどんな大きさにな
るのかリサーチしてから選
びましょう。大きくなりす
ぎてスペースを圧迫してし
まう可能性があります。

### 3 ゆっくり成長する<br>ものを選ぶ

成長速度が早い植物は、
水やりや植え替えなどのお
手入れが大変。毎日使う
場所ではないので、ゆっく
りと成長するものを選びま
しょう。

## 多肉植物の寄せ植え

省スペースでも楽しめるのが、多肉植物やサボテンの寄せ植え。コンパクトに寄せ植えを楽しめるだけなく、日当たりが良ければお花も楽しめます。器を選ばず植え込みできるので、使っていないマグカップやスプーンでかわいい寄せ植えにチャレンジしてみては。

····················································· 〜 50cm

` どんなスタイルにも `　` 虫がつきにくい `　` 花を楽しむ `　` 忙しい人向け `

多肉寄せ植えミニ

多肉寄せ植え
アイロン

## ミニ多肉植物

寄せ植えは難しい！という人にはサボテンや多肉植物、ユーフォルビアなどの水やりなどの手間があまりからず育てやすいグリーンがおすすめ。多種多様な色や形の中から自分のお気に入りを見つけてみましょう。

····················································· 〜 50cm

` どんなスタイルにも `　` 忙しい人向け `
` 虫がつきにくい `　` 花を楽しむ `

クラッスラー
舞乙女

グラプトベリア属
薄氷

スルコレブチア

紅葉
サイウンカク

# 暮らしに役立つ便利なハーブ

どうせ育てるなら、料理や生活に役立つグリーンを育てたいという人にはハーブがおすすめ。さまざまな効果があるので、自分に合ったものを選んでみましょう。

## 失敗しない選び方

### ① 欲しい効果や用途で選ぶ

虫除けやドリンク、料理などハーブの用途はさまざま。暮らしのどんな役割に生かしたいのか考えて選んでみましょう。

### ② 植えっぱなしで育つものを選ぶ

植物には多年草と一年草があります。一度植えれば数年にわたり年中収穫できる多年草のハーブを選ぶと、暮らしに活用しやすいのでおすすめ。植え替えの手間も減らせます。

### ③ 育てる環境で選ぶ

ハーブといっても好む環境はさまざま。乾燥を好む、湿り気を好む、日陰を好むなど。ベランダや庭の環境に合わせて選びましょう。

## ローズゼラニウム

□〜□☼☺

虫除けとしても知られていますが、バラの香りの精油を抽出するのにも使われているハーブ。ホルモンバランスを整える効果があり、月経痛やPMSなどの症状を軽減してくれます。

················· 〜 30cm

`どんなスタイルにも` `夏に楽しむ`
`多年草` `虫除け効果`

## コモンセージ

□〜□☼☺

ラテン語で「救う」という意味を持つセージは、お茶にして飲むと気持ちを明るくしてくれます。オリーブオイルにカットした茎を2〜3本入れると風味が良くなります。

················· 〜 30cm

`どんなスタイルにも`
`多年草` `花を楽しむ`
`料理に使える` `飲み物に使える`

## ローズマリー

□〜□☼☺

肉・魚料理にはもちろん、乾燥させて入浴剤にしたり、リースを作ったり用途が豊富な上、育てやすい。一番おすすめしたいビギナー向けハーブ。

················· 〜 30cm

`どんなスタイルにも` `常緑樹` `花を楽しむ`
`料理に使える` `飲み物に使える` `特に初心者向け`

## ペパーミント

□〜□☼☺

スーッと爽やかなミントの香りは食後のデザートやドリンクにおすすめ。アイスやヨーグルトにのせたり炭酸水に入れたり、使い道は満載。チーズやバターに混ぜるのも◎。

················· 〜 30cm

`どんなスタイルにも` `多年草` `虫除け効果`
`料理に使える` `飲み物に使える` `特に初心者向け`

## コリアンダー

タイ料理には欠かせない、別名パクチー。魚や肉料理の風味づけはもちろん、花や葉はサラダにもぴったり。

·················· 〜 30cm

`どんなスタイルにも`
`一年草` `料理に使える`

## バジル

代表的なキッチンハーブ。香りを嗅ぐだけでお腹がすいてしまうくらい香りがよく、料理の用途も広いのでぜひ育ててみましょう。

·················· 〜 30cm

`どんなスタイルにも`
`一年草`
`料理に使える`

## コモンタイム

香りがよくお茶や料理にも使え、グランドカバーにもおすすめのタイムですが、アオムシの駆虫効果もあります。家庭菜園の近くで栽培するのをおすすめします。

·································· 〜 20cm

`どんなスタイルにも` `常緑樹` `虫除け効果`
`料理に使える` `飲み物に使える`

## レモンバーム

蚊が嫌がるレモンの香りは海外では芳香療法に使用されたり、虫刺されに生葉をつけると痛みを和らげる効果があるとされています。

·································· 〜 50cm

`どんなスタイルにも`
`多年草` `虫除け効果`
`料理に使える` `飲み物に使える`

## レモンマートル

天然の抗菌剤と呼ばれる、柑橘系の芳香成分をレモンより多く含有しており、蚊よけの効果があります。お水や炭酸水などに入れるとレモンの香りでスッキリします。

.................................................. 〜 100cm

`どんなスタイルにも` `常緑樹` `虫除け効果`
`飲み物に使える`

## カレンソウ

蚊除けに効果を持つと言われているローズゼラニウムとシトロネラという植物を交配させてできた、虫除けのためのゼラニウムです。

.................................................. 〜 30cm

`どんなスタイルにも`
`多年草` `虫除け効果`

## パイナップルセージ

野菜や果樹に集まるモンシロチョウが嫌うため、植物全般に対して有害な飛翔害虫を避ける効果があります。肉や魚の風味づけやワインなどのドリンクに入れて楽しめます。

.................................................. 〜 50cm

`どんなスタイルにも` `多年草` `虫除け効果`
`料理に使える` `飲み物に使える`

## アルテミシア コーラプラント

ヨモギの仲間で、名前の通り本当にコーラの香りがします。アブラムシや蚊などの不快害虫を寄せつけない効果があり、欧米ではコンパニオンプランツとして人気です。

.................................................. 〜 30cm

`どんなスタイルにも` `多年草` `虫除け効果` `飲み物に使える`

# 庭のメインになる
# シンボルツリー

庭のシンボルになる大きな樹木は
**外構のイメージを決める重要なポイント**になります。
また、室内からの景色を楽しめること、インテリアとの
調和も忘れてはいけないポイントです。

**失敗しない選び方**

**① 環境が適して
いるかで選ぶ**

室内のシンボルツリーと同様、大切なのが植えたい場所と植物の好む環境が合っているかどうか。日当たり、風通し、スペースを把握し、マッチングをチェックしてから選ぶと◎。

**② 季節を感じる
ものを選ぶ**

インドアグリーンと違い、庭木は花や実が楽しめるものがたくさんあります。どんな季節にどんな色の花を見たいのかで選んでみましょう。

**③ 外構のイメージで
選ぶ**

お庭のメインになるということは、外構のイメージに合ったものを選ぶことが大切です。葉の大きさや色、形、樹形が外構と合うかどうかイメージしながら選びましょう。

## グレビレア
## ロビンゴードン

グレビレアの代表品種で、丈夫で育てやすい上に大きくなりすぎず、気候が良ければ華やかな赤花が年中咲きます。いいことずくめの樹木。

·························· 140 ～ 200cm

`どんなスタイルにも` `特に初心者向け`
`常緑樹` `花を楽しむ` `成長ゆっくり`

## アカシア フロリバンダ

ふさふさとしたワイルドな丸いフォルムで、自然に樹形がまとまります。爽やかな細葉に春には黄色い花も。庭のデザインにも取り入れやすく、個人的おすすめNo. 1。

·························· 140 ～ 220cm

`どんなスタイルにも` `子供やペットがいる`
`常緑樹` `花を楽しむ` `冬に楽しむ`

## ニオイシュロラン

地植え可能なコルジリネの一種。インダストリアルな雰囲気のドライガーデンに挑戦したい方におすすめ。

·························· 140 ～ 200cm

`シンプル` `インダストリアル` `常緑樹` `虫がつきにくい`
`忙しい人向け`

## バンクシア
## プラジオカルパ

松ぼっくりのような愛らしい花と育てやすさで注目を集めているバンクシアの中でも、ブルーバンクシアと呼ばれる貴重な樹木。魅惑の青い花が咲きます。

················· 140 ～ 180cm

`どんなスタイルにも`
`常緑樹` `花を楽しむ` `成長ゆっくり`
`春に楽しむ`

## ギンヨウ
## アカシアプルプレア

大人気のミモザ。切り花にして飾るだけでもかわいいですが、リースやブーケにしたりドライにしても楽しめる活用バリエーションの広い花木。

················· 120 ～ 200cm

`シンプル` `北欧` `ドライフラワーになる`
`常緑樹` `花を楽しむ` `春に楽しむ`

## アカシア
## ゴールデントップ

逆三角形に広がる細葉のアカシア。成長はゆっくりなのであまり大きな木が植えられない場所におすすめ。花がついていなくても個性的な樹形で見応えあります。

·················································140 〜 200cm

`どんなスタイルにも` `特に初心者向け`
`常緑樹` `花を楽しむ` `成長ゆっくり`
`冬に楽しむ`

## バンクシア
## ヒース

バンクシアの中でも特に育てやすい品種。花が終わったらドライフラワーにして楽しめるのもポイント。

·················140 〜 200cm

`シンプル` `インダストリアル`
`常緑樹` `成長ゆっくり`
`ドライフラワーになる`

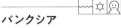

## ユーカリポリアンセモス

シルバーの愛らしい丸葉が人気のユーカリ品種。ドライにしてリースにしたり、殺菌効果のある芳香を利用してカバンやクローゼットの消臭剤にしたり、用途もさまざま。大きく成長するのでこまめな剪定が必要です。

···························································140 〜 200cm

`シンプル` `北欧` `常緑樹` `虫除け効果` `ドライフラワーになる`

# シンボルツリーを引き立たせる
# 小さめのグリーン

シンボルツリーに高さの違いや彩りのある小さなものを
バランスよく組み合わせることで、まとまりのあるガーデン
を作ることができます。うまくコーディネートして
ワンランク上のガーデンを目指しましょう。

## 失敗しない選び方

### ① 漢字の「山」に なるよう選ぶ

シンボツリーを中心に両サイドに漢字の山をイメージして中木や低木を配置します。意識するだけでまとまりがグン！と良くなります。（詳細はP130に記載）

### ② 点と線と面の 要素で選ぶ

芯となる樹木の周りには点（細かい葉っぱ）、線（細いライン状の葉っぱ）、面（表面積の大きい葉っぱ）が入るとバランスよく構成できます。

### ③ 常緑の低木・ 下草から選ぶ

1年で枯れる「一年草」と植えっぱなしで育つ「多年草・常緑木」があります。ビギナーは植え替えの手間がいらない「多年草」からスタートしましょう。

## ウエストリンギア

オーストラリアンローズマリーという別名を持つ、ローズマリーによく似た花を長く咲かせる低木。寒さにも暑さにも病害虫にも強く鑑賞性も高いので、とてもおすすめの品種です。葉色も緑、黄色、白っぽいものなどさまざまで、庭にとてもいいアクセントをつくります。

·························· 〜100cm

どんなスタイルにも

常緑樹　花を楽しむ

暗めの場所でもOK

特に初心者向け

緑

黄

白

## ヒューケラ

珊瑚礁のように色とりどりのバリエーションがあるためサンゴバナとも呼ばれています。お庭のグランドカバーや寄せ植えのいいアクセントになります。

······················· 〜 30cm

> どんなスタイルにも
> 多年草 暗めの場所でもOK
> 特に初心者向け

## ツリージャーマンダー

青みがかったシルバーリーフが年中美しく、さらに初夏に薄いブルーの花を咲かせてくれます。低木といえど大きく成長するので剪定が必要です。

······················· 〜 50cm

> どんなスタイルにも
> 常緑樹 花を楽しむ
> ドライフラワーになる

## カレックス
## ブロンズカール

綺麗な細葉のカールとカラーバリ
エーションが豊富なカレックスは、
この他にも黄色や緑などさまざま
な種類があり、高木の魅力をより
引き立ててくれます。

..................................〜 50cm

`どんなスタイルにも` `多年草`
`特に初心者向け`

## ベアグラス

ベアグラスという名前で流通して
いますがこちらもカレックスの仲間
で、緑葉の中央にクリーム色の斑
が入り庭植えや寄せ植えなどさま
ざまな用途で使えます。

..................................〜 50cm

`どんなスタイルにも` `多年草`
`特に初心者向け`

## プリペットレモンライム

鮮やかなイエローグリーンが高木の足元
を一気に明るくしてくれます。虫にも病気
にも強くとても育てやすい低木です。

..................................〜 50cm

`どんなスタイルにも` `常緑樹`
`特に初心者向け`

# 北向きの庭でも
# 育つグリーン

日光の当たりにくい、北側の庭では育てるのが難しい種類も多いです。しかし、中には日光をあまり必要としないものもあるのでここで注目してみましょう。

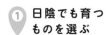

### ① 日陰でも育つものを選ぶ

日当たりが悪い場所に植えるグリーンは、耐陰性のあるものから選ぶようにしましょう。せっかくお気に入りを選んでも枯れてしまってはかわいそうです。

### ② 湿度を好むものを選ぶ

日光の当たりにくい北側は、じめじめとした場所になりがちです。湿度が高い環境が好きなものを選び、乾燥が好きなものは避けましょう。

### ③ 寒さに強いものを選ぶ

北側の庭は日当たりが悪い分、冬は特に冷え込むことが多いので寒さに強いものを選びましょう。

## オリーブ

一番人気のオリーブはもちろん日当たりのいい南側の
お庭にもおすすめですが、北側の庭や玄関スペースに
も植えられる貴重な樹木。目的別に品種を選べるのも
特徴で、1本でも実がつき、きれいな樹形にまとまるのは
「ミッション」、スペースがあまりない庭には「シプレッ
シーノ」、実をたくさん収穫したい人は受粉樹である「ネ
バディロブランコ」を選びましょう。

·············································· 140 〜 200cm

`シンプル` `北欧` `ドライフラワーになる`
`常緑樹` `実を楽しむ` `暗めの場所でもOK`

## ゲッケイジュ

別名ローリエと呼ばれ、お肉料理の臭み
消しなどに使用されるほか、白湯に刻ん
だローリエを入れて飲むとむくみや便秘に
効果があるなど使える樹木。

·············································· 80 〜 140cm

`シンプル` `和風`
`常緑樹` `実を楽しむ`
`料理に使える` `飲み物に使える`

## レプトスペルマム
## シルバーティーツリー

初夏にかわいい白花を咲かせます。繊細で細やかな葉は銀色を帯びていて、全体的に柔らかな印象を与える樹木です。夏場は水枯れが起きやすいので管理に注意が必要。

·········· 80 〜 200cm

どんなスタイルにも　常緑樹　花を楽しむ
夏に楽しむ

## ハイノキ

木漏れ日を感じられる雑木林風の木はほとんどが落葉樹の中、年中緑の葉をつけ初夏には白花を咲かせる株立ちの樹木。成長もゆっくりで管理も楽なのが特徴です。

·········· 140 〜 200cm

シンプル　和風　春に楽しむ
常緑樹　花を楽しむ　成長ゆっくり

## アカシア
## ブルーブッシュ

シルバーブルーの葉が空に向けて丸く成
長するアカシア。葉姿だけでも十分見応
えがありますが、春になるとポンポンの黄
色い花を一斉に咲かせます。
.......................................140 〜 200cm

`シンプル` `北欧` `インダストリアル`
`常緑樹` `花を楽しむ`
`ドライフラワーになる`
`春に楽しむ`

# おいしい果実を楽しめる グリーン

景色と食を同時に楽しめるなんて、最高ですよね。実は意外と簡単に育てることができる果樹もたくさんあります。収穫が楽しめるグリーンを見ていきましょう。

## 失敗しない選び方

**①** **1〜2年以内に収穫できる苗を選ぶ**

果樹の苗は、購入後その年に収穫できるものから数年かかるものまでさまざま。できるだけ大苗を選び、収穫する楽しさを味わってみましょう。

**②** **収穫期以外の鑑賞性で選ぶ**

収穫期は一年のうちワンシーズンのものがほとんど。収穫期以外も鑑賞性のある木を選ぶと、愛着が湧いてくるのでおすすめです。

**③** **収穫期の長いものを選ぶ**

せっかく果樹を栽培するので、長い期間楽しめる、収穫量が多いものを選びましょう。

## リスボンレモン

レモンの中で寒さに強く、育てやすい、実がつき
やすい、鉢植えでも育てられる品種。初めて果
樹を育てるという方にはレモンがおすすめ。

·············· 80 〜 140cm

どんなスタイルにも　常緑樹　実を楽しむ
料理に使える　飲み物に使える

## レモン
## ピンクレモネード

花や実がない季節でもかわいい柑橘があります。白い模様
の入った葉っぱが特徴で、レモンも本来の黄色ではなくク
リームイエローカラーでかわいくておいしい最高の果樹。

·············· 80 〜 160cm

どんなスタイルにも　常緑樹　実を楽しむ
料理に使える　飲み物に使える

## フィンガーライム

オーストラリアやアメリカではフルーツキャ
ビアという愛称で親しまれている高級食材。
小指サイズのかわいい実が楽しめます。

·····························80 〜 140cm

| どんなスタイルにも |
| 常緑樹 | 実を楽しむ |
| 料理に使える |
| 秋に楽しむ |

## ブルーベリー

こちらも初心者におすすめの果樹。おいしい実をつけ
た後は葉の紅葉も楽しめる見ても食べても楽しい果樹。
実をつけるには同じ系統の別品種の苗が必要です。

·····························80 〜 140cm

| どんなスタイルにも | 料理に使える |
| 常緑樹 | 実を楽しむ | 夏に楽しむ |

## フェイジョア

光沢のある濃緑の表に裏はキレイな白、オリーブに似た雰囲気で植え込み場所や品種を選べば花や実もつく万能果樹として人気。マイナス7℃まで寒さに耐えることができます。

..................................140 〜 200cm

`シンプル`　`北欧`　`料理に使える`
`常緑樹`　`実を楽しむ`　`秋に楽しむ`

## シキキツ

四季咲き性で、温度があれば一年中花を咲かせ、実を楽しめます。体脂肪を燃焼に導くシネフリンを含むビタミン果実。

..................................80 〜 140cm

`どんなスタイルにも`
`常緑樹`　`実を楽しむ`
`料理に使える`　`飲み物に使える`

おいしい果実を楽しめるグリーン　| 63

## グリーンのココロとカラダにいい話

グリーンを暮らしに取り入れると、空間の雰囲気が良くなるだけでなく、暮らしも健やかになるといううれしい効果が。

### 森林浴効果

グリーンからは「フィトンチッド」と呼ばれる香り成分が出ていて、心をリラックスさせる効果がある。医療先進国であるドイツでは、森林浴が医療行為として認められているほど。

### ストレスを和らげる

ストレスが増えると分泌されるホルモンが、グリーンを見たり、触れたりすることで減少するという研究結果が。"グリーンがあると癒される"というのは科学的にも証明されているそう。花が咲いたり新芽が吹いたり変化があるのも日々の楽しみにつながる。

### 目の疲れの軽減

PCのモニターやスマホのブルーライトの影響で目に負担がかかり、頭痛や肩こりの原因に。グリーンの色は人間にとって最も負担の少ない色と言われているので、緑を見ることで負担を軽減することができる。

### 心地よい
### 湿度に

グリーンには「蒸散」という、葉の水分を空気中に排出する働きが。葉から蒸散する水分が夏は空気中の熱を奪い、冬は乾燥した空気に適度な潤いを与えてくれ過ごしやすい空間をつくってくれる。

### 空気を
### きれいに

グリーンは光合成で、二酸化炭素を吸収すると同時に、ホルムアルデヒドなどの有害物質を吸着分解して人に優しい空気を作り出している。もちろん空気清浄機ほどの効果はないものの、空気をきれいにしてくれる私たちにとって不可欠な存在。

### コミュニケーション
### を円滑に

グリーンがあると、職場や商業施設、公園などでコミュニケーションのきっかけが生まれる。花や実、紅葉など季節の変化を通じて人と人をつなげる役割を果たしている。

# ベランダガーデンを作ろう!

一外でゆっくり過ごせるプライベートな空間が欲しい─

そんな人にぴったりなのがベランダガーデン。

狭い空間でも素敵に作る方法を3つのステップで紹介。

## ベランダガーデンの注意点

### 1 避難経路・扉をふさがないようにしよう

マンションの場合、ベランダは共有部になるので、いざというとき撤去・避難できるようにしておきましょう。また約十数年に一度の大規模修繕工事ではベランダに置いているものを短くても約3カ月撤去しなければなりません。前回の工事がいつだったのかを把握して計画的に楽しみましょう。

### 2 鉢・葉・水の落下に気をつけよう

お隣や階下の方に迷惑をかけずに楽しむことが大前提。鉢を階下に落としたり、葉っぱを飛散させたり、水やりの際に階下に水を漏らしたりしないように気をつけましょう。

### 3 排水溝が詰まらないように注意しよう

ベランダガーデニングの一番の注意点はこれ。葉っぱや土が流れ出てしまいベランダの排水溝が詰まってしまうことも。漏水の危険もあるので、しっかり掃除しておきましょう。

## STEP 01

### 床材を敷いて
### アウトドアスペースを
### 作ろう!

マンションや戸建てのベランダ
は、防水加工が施されたウレタ
ンやコンクリートの床がほとん
ど。室内空間とのつながりを意
識した床材を敷き詰めるだけで
一気に生活スペースが広がりま
す。床面をきれいに掃除して、
木製やタイル素材、樹脂、人工
芝など好みのイメージでベラン
ダ空間をつくりましょう!

## STEP 02

### ベランダに
### 適したグリーンを
### 選ぼう!

風が強い、日が当たりにくい、時々
しかベランダに出ない、などの
環境やライフスタイルに合わせて
室内以上にしっかり選ぶ必要が
あるベランダグリーン。おすすめ
は鉢植えで楽しめ、風の影響に
強い中高木(P38 〜 41に掲載)、
ハーブ(P94に掲載)、多肉植物
(P88に掲載)など。

## STEP 03

### カフェスペースを
### 作って
### 快適な空間にしよう!

朝起きたときや、仕事の合間に
ベランダでゆっくりコーヒーを飲
む時間は格別。スペースのない
ベランダでも省スペース用の折
り畳み式テーブル&チェアを使
えば一気にカフェ空間に。グリー
ンに囲まれた空間でゆったりとし
た時間を過ごしましょう。

# Column 03

## グリーンショップへ行く前に

いざお店へ足を運んでも
購入に迷ってしまったりしていませんか？
行く前に知っておくと便利な情報をショップスタッフに聞いてみました。
お目当てのものがなかったり、

### 1 おすすめの購入時期は「春」、次に「秋」

室内のグリーンは基本的に時期に関係なく年中購入できます。だたし、比較的品揃えがいいのが春、次に秋が多いです。庭木などの室外のグリーンの場合は、春が圧倒的に多いです。春に花が咲くものも多いので、開花中の雰囲気が知りたかったら春がおすすめです。

### 2 週末にたくさん売れるので、月曜日は品薄の可能性が高い

お店にもよりますが、一般的なお店では週末にたくさんグリーンが売れてしまうので月曜日は品揃えが薄いところが多いかもしれません。他にも品揃えの面で言うと、市場からの仕入れ便が届く次の日が狙い目です。事前にお店に聞いてもいいと思います。また、スタッフと話しながらじっくり決めたいなという場合は、土日を避けると比較的ゆっくり選べるのでおすすめです。

## 3　スタッフに相談するなら、ある程度条件を整理しておくと◎

私がグリーンを提案するときに、お客様に聞くことは主に3つです。
あらかじめ用意しておくと、自分好みのグリーンに出会える確率
が上がるので、ぜひ参考にしてみてください。
①置きたい場所の広さ（写真があれば◎）
②インテリアの好み
③葉っぱの形や色など、グリーンの好み

## 4　グリーンは「生き物」という意識を持って購入する

家具やインテリアと同じ感覚で選ぶ方もいらっしゃいますが、グリーンの場合は
ペット同様、選んだ後がスタートです。「生き物」を育てるつもりで購入すること
で、グリーンと長く付き合っていけると思うので意識してみてください。

教えてくれた
ショップスタッフ

### 関 優子さん

the Farm UNIVERSAL CHIBA
MY BEST GREEN は、「ホヤ」

# LIFE GREEN SELECT TOUR②

# グリーンの種類で選ぼう

## TOUR GUIDE
### 生産者・ショップスタッフ

# 01

# 観葉植物

暖かい地域からやってきた観葉植物は室内置きが基本。
マンション・戸建てなどのライフスタイルにかかわらず
自然を暮らしに取り入れたい全ての方におすすめです。

**失敗しない選び方**

### 1 ┃ しっかり根づいているかを根元を見て判断する

グリーンの根元を見ると丈夫に育っているかが分かります。
しっかり根づいているものは、土表面の根元が広がっており、力強さがあります。

### 2 ┃ 新芽を見て健康状態を確認する

グリーンの状態は新芽に現れます。光量不足だと色素が薄くなったり徒長したり、根腐れ気味だと葉のふちが茶色くなったりします。

### 3 ┃ 葉が硬く厚みのあるものは丈夫

初心者は明るい色や模様が入っている柄物の植物よりも、緑の色味が濃く葉の厚みがしっかりしているものの方が、環境の変化や暗さに強い場合が多いのでおすすめです。

TOUR GUIDE

**大津 宙**

the Farm UNIVERSAL
バイヤー・ディレクター

「全ての人が楽しめる植物の楽園」がコンセプトの室内外のグリーンが揃うグリーンライフスタイル専門店でバイヤー兼ディレクターを務める。

### ドラセナ
### アオワーネッキー

非常に育てやすく、綺麗に仕
立てやすいのが特徴。暗い場
所でも育ち、丈夫で、つい頼っ
てしまう身近な存在です。
·····················100 〜 180cm

シンプル 和風
暗めの場所でもOK
特に初心者向け

### アマゾンオリーブ

オリーブの仲間ではありませんが原産地
ではオリーブのような実をつけることから
名づけられました。幹が白く、葉の色との
コントラストが綺麗なグリーン。
······························· 160 〜 200cm

どんなスタイルにも
樹形が選べる

## トックリラン

株元が大きく肥大し徳利のように見えることからトックリランと呼ばれていて、お気に入りです。トックリが大きく、幹肌が白いのがおすすめ。

···················· 30 〜 200cm

インダストリアル　リゾート
虫がつきにくい　子供やペットがいる

## カシワバゴムノキ
バンビーノ

小鉢でもかわいらしく、大鉢になっても無骨な幹でありながら 品のある葉がなんとも言えない。その上比較的、耐陰性もあり育てやすくおすすめ。

···················· 30 〜 180cm

シンプル　北欧
樹形が選べる

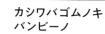

### ドラセナ パラオ

ツンツンしたような見た目にも関わらず、
葉は柔らかい。中でも沖縄残波岬周辺の
原木は肌が白く、また強風に耐えた形が
特に美しい。

·····························120 〜 220cm

`インダストリアル` `リゾート`
`虫がつきにくい` `忙しい人向け`

### フィロデンドロン
### クッカバラ

葉の形が特徴的で切り葉としても需要
があります。まれにその切り葉用に温暖
な土地で畑に植えられていた大株が出
荷されることがあり、これがまた気根が
旺盛に張り、長年の新陳代謝で葉が落
ちた後の幹が とても綺麗。

·····························30 〜 60cm

`どんなスタイルにも` `特に初心者向け`
`暗めの場所でもOK`

## シェフレラ
## トライアンギュラリス

葉の形がとてもかわいらしく、
シェフレラの仲間なので丈
夫。繁殖力もあり、仕立て方
によってはいろいろな飾り方
ができます。吊り鉢で仕立て
ても半立ち性で動きがあり、
空間にボリュームを与えてく
れます。

···················· 40 〜 80cm

和風　リゾート
虫がつきにくい

## ザミア プミラ

別名メキシコソテツとも言われる。年数を重
ねた個体は幹肌がなんともいえず魅力的で
生命の力を感じてしまう。生きるために苦労
や困難に遭ったことを物語っています。

···················· 30 〜 60cm

インダストリアル　リゾート
成長ゆっくり　忙しい人向け

## タコノキ

沖縄に多く自生しているタコノキ。気根が
蛸の足のように出て、今にも歩き出しそう。
なんといっても魅力なのは、この気根と生
命力を感じる葉。パイナップルのような実
も特徴的。

........................................ 30 〜 120cm

`シンプル` `インダストリアル`
`忙しい人向け`

## シェフレラ
## ハッピーイエロー

黄色の斑がとても綺麗なカポック。耐寒性
もあり、ジメジメした感じ（水はけの悪い土）
を嫌い、サバサバした感じ（水はけの良い土）
を好む、ハッピーな植物。

........................................ 30 〜 100cm

`シンプル` `和風`
`虫がつきにくい` `特に初心者向け`

## コドナンテ
## クラシフォリア

吊り鉢植物として楽しみが多い。草姿も
綺麗で鉢に対してボリュームがある仕立
てが可能であり、実と花まで楽しむことが
できます。

............................................ 40 〜 80cm

シンプル　　北欧

暗めの場所でもOK

花を楽しむ

## ヒメモンステラ

モンステラも魅力的な植物ですが、ヒメモン
ステラは葉も薄めで明るく優しい印象の植
物。自由奔放に伸びたがりますが程よく扱
いやすい。そんなところが愛くるしい。

............................................ 40 〜 80cm

シンプル　　北欧

加湿効果高め　　特に初心者向け

### リプサリス
### ピロカルパ

多肉質の枝葉が分岐していく姿がユニーク。種類が多いことで知られる吊ってよし、鉢置きにしてよし、取り扱いも簡単なのでおすすめ。

···················································· 40 〜 80cm

`シンプル` `インダストリアル`
`虫がつきにくい`

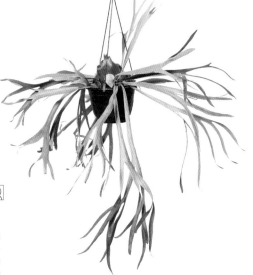

### ビカクシダ
### ビーチー

白く光ってツンツンした感じがなんとも魅力的なビカクシダ。太陽に向かってグッと立ち上がる胞子葉が美しい。太陽光が必要ですので明るい場所で管理してください。

···················································· 40 〜 80cm

`インダストリアル` `リゾート`
`樹形が選べる`

# 02

# エアプランツ

北米南部〜中南米に分布しているエアプランツ（チランジア）は、
本来、樹木や岩に着生して生きるため土を必要としない不思議な植物。
置き場所を選ばないので雑貨感覚で楽しむことができます。

**失敗しない選び方**

### ① | 軽すぎず、程よく重みのあるものは状態◎

乾燥して軽すぎる株は水不足で弱っている可能性があります。乾燥してカラカラの状態の
株ではなく、持ったときにある程度重みがある株を選ぶのがポイントです。

### ② | 見た目がいきいきしているものを見分ける

元気な株は張りがあり、色合いもグリーンや銀白色がはっきりしています。張りがなく軟ら
かくなっているものや、くすんで黄色や茶色っぽくなっているものは避けましょう。

### ③ | 小さすぎないものから始める

種類によっては小さいタイプもありますが、小さい株は乾燥による水切れなど環境の影響
を受けやすいです。初めての方はある程度サイズがあるものから始めてみましょう。

**TOUR GUIDE**

**木村 浩之**

常葉植物園
代表

エアプランツ（チランジア）専門店「常葉植物園」
のオーナー。国内有数の取扱い品種数と多数の
在庫を取り揃えファンを魅了している。

## ハリシー

銀白色の鱗片（トリコーム）を全体にまとい、ロゼット状に開いた葉がとても美しいエアプランツ。丈夫で育てやすく、人気の銀葉種の一つです。

·············································· 6 〜 15cm

`どんなスタイルにも` `虫がつきにくい`
`忙しい人向け`

## カプトメデューサ

ギリシャ神話に出てくる蛇の髪毛をもつ怪物「メデューサ」が名前の由来で、うねった葉が特徴的なエアプランツ。つぼ型なので水やりの後、中に水がたまらないように注意。

·············································· 8 〜 30cm

`どんなスタイルにも`
`虫がつきにくい` `忙しい人向け`

## イオナンタ

エアプランツの中で最もポピュラーな品種で、初心者から玄人まで愛されています。非常に多くの品種があり、収集する楽しみもあります。「グァテマラ」、「ルブラ」などの品種が手頃な価格で一般的です。

·············································· 3 〜 8cm

`どんなスタイルにも` `虫がつきにくい`
`忙しい人向け`

## キセログラフィカ

エアプランツの王様と呼ばれ、絶対的な人気を誇る品種。美しい銀白色で丸くカールした葉が特徴です。開花時には20〜30cm近くにもなる立派な花茎を伸ばします。

················· 10〜40cm

> どんなスタイルにも ▶ 虫がつきにくい ▶
> 忙しい人向け ▶

## ウスネオイデス

照明器具や観葉植物に吊り下げたくなるインテリア性の高い人気の品種です。春には香りのいい緑色の小花ををを咲かせます。乾燥しやすいので、水やりは比較的こまめにする必要があります。3日に一度のソーキング推奨。

················· 10〜100cm

> どんなスタイルにも ▶ 虫がつきにくい ▶
> 忙しい人向け ▶

## ストリクタ

育てやすく、花も美しいことから初心者にもおすすめのエアプランツです。大きく分けて、葉の硬いハードリーフタイプと柔らかいソフトリーフタイプがあり、園芸種も多数産出されています。

················· 5〜15cm

> どんなスタイルにも ▶ 虫がつきにくい ▶
> 忙しい人向け ▶

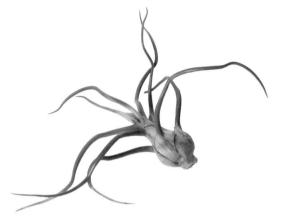

## ブルボーサ

独創的なうねった形状の葉と丸みを帯びた球状の本体からなる人気のつぼ型種です。開花時には中心部の葉と蕾がが赤く染まり、紫色の花を咲かせます。葉の表面はツルツルしており、水を比較的好む種類です。

····················· 5 〜 25cm

どんなスタイルにも　虫がつきにくい
忙しい人向け

## ストレプトフィラ

乾燥すると葉がクルクルとカールし、十分に水を与えると葉がストレートに伸びる人気のつぼ型種のエアプランツです。水不足のサインを葉の状態で教えてくれるので便利です。

····················· 5 〜 30cm

どんなスタイルにも　虫がつきにくい
忙しい人向け

### エアプランツの育て方のコツ

土が要らない特殊な形態をしていますが、生き物なので光や水、温度の管理など、ほかのグリーンと同じように世話が必要です。特にエアプランツは、風通しのいい環境を好みます。水やり後、長時間湿っていると腐る原因になるので注意。水やりは週に2~3回の霧吹き＋乾燥したときはソーキングで水分補給してください。

# 03

# テラリウム

**ローメンテナンスで小さな庭を楽しめるのがテラリウム。
部屋が狭い、暗い、時間がない方におすすめです。**

## 失敗しない選び方

 ### テラリウム専門店で購入すると安心

シンプルな作りに見えて、実は土や植物の選定、作り方が違うと失敗してしまいます。ホームセンターなどで安く販売しているものでなく、テラリウム専門店での購入が安心。

 ### 最初は苔だけのシンプルなものを選ぶ

観葉植物が入っていると一気に難易度が上がります。管理場所も苔は薄暗くても大丈夫ですが、他のグリーンはそうはいかず、バランスを取るのが難しくなります。

 ### フタつきのテラリウムを選ぶ

フタはついているが密閉まではされていない、通気しているものを選びましょう。

TOUR GUIDE

**川本 毅**
Feel The Garden
代表

インテリアグリーンの作成・販売を行う。2013年から苔のテラリウムの作成を独学で開始、2015年事業を立ち上げワークショップを開催。

## 山の風景

情景部品として石を配置し、砂で道を
作り山道を表現しました。山の中で起
こりうる臨場感のあるシーンを切り取っ
ています。
使用グリーン：ホソバオキナゴケ、ヒノ
キゴケ

どんなスタイルにも　暗めの場所でもOK
特に初心者向け　忙しい人向け

## 牧場の風景

半開放型容器にテラリウム用土を入れ、
牧場の芝生を表現するためにホソバオキ
ナゴケを1本ずつ刺しています。自然の
中で心地良さそうな牛が印象的です。
使用グリーン：ホソバオキナゴケ、ヒノキ
ゴケ

どんなスタイルにも　暗めの場所でもOK
特に初心者向け　忙しい人向け

## 鉱山の風景

専用の用土で大きな壁を作り、そこに苔を刺したり石を配置することで崖を作成、その下に鉱山で作業する人々を置きました。山肌に蔓延る苔が自然の歴史を感じさせます。

使用グリーン：ホソバオキナゴケ、シノブゴケ、シッポゴケ

`どんなスタイルにも` `暗めの場所でもOK`
`特に初心者向け` `忙しい人向け`

## 浜辺の風景

水草を植えて、砂で砂浜の風景を作成しました。少女の楽しげな様子が伝わってくる、海の鮮やかなテラリウムです。

使用グリーン：アヌビス・ナナ、ホソバオキナゴケ、ヒノキゴケ

`どんなスタイルにも` `暗めの場所でもOK`
`忙しい人向け`

## シンボルツリーの丘

Mosslight（LEDライト付きテラリウム容器）
は現在テラリウムとしてグリーンを育成す
る場合の最適解と言える製品です。グリー
ンの育成に合った高演色性のLEDライト
は光合成を促すだけではなく、インテリア
に映える照明として綺麗に室内に明かり
を灯します。電球形の容器内で光源から
の光が反射することによって自然な形で
成長することができます。
使用グリーン：ハクチョウゲ、ホソバオキ
ナゴケ、ヒノキゴケ

`どんなスタイルにも` `暗めの場所でもOK`
`忙しい人向け`

## ボート遊び

天然石のプレートで池を、そのそばにツ
ル性ガジュマルで大木を表しました。秘
境での冒険の様子が伝わってきます。
使用グリーン：ツル性ガジュマル、ホソバ
オキナゴケ

`どんなスタイルにも` `暗めの場所でもOK`
`忙しい人向け`

# 04

# 多肉植物・サボテン

多肉植物やサボテンは、乾燥が好きで
加湿に気をつければお手入れは簡単。
狭いベランダでも十分に楽しめ、初心者にもおすすめです。

## 失敗しない選び方

### 1 | 張り、艶のあるもの

張り、艶のないものは状態が悪い可能性が高く、その後順調に育たない場合もあります。
元々艶のない品種もあるので一番は張りを見るといいでしょう。

### 2 | 徒長していないもの

特にベンケイソウ科の多肉植物に現れる日照不足による徒長という現象が出ているものは
避けましょう。徒長した多肉植物を屋外で管理すると日焼けの原因になります。

### 3 | 色の出ているもの

特にベンケイソウ科の多肉植物は晩秋から春先まで紅葉してくるものがあります。売り場
で色の出ているものはフレッシュな株の可能性が高いのでおすすめです。

## TOUR GUIDE

### 野末 陽平

サボテンランド
カクト・ロコ 代表

多肉植物生産、販売のパイオニア。3,000㎡の
農場を持ち、約500種類以上の多肉植物を生
産している。

## エケベリア属
## リナシナ

春秋型。エケベリアの中でも丈夫な原種。白い
ボティが特徴的で比較的大きく成長するので迫
力があります。花はピンク色です。

`どんなスタイルにも` `多年草`
`特に初心者向け` `忙しい人向け`

## エケベリア属
## 花うらら

春秋型。昔からある原種の多肉です。丈
夫で黄色のかわいい花が咲きます。

`どんなスタイルにも` `多年草`
`特に初心者向け` `忙しい人向け`

## オトンナ属
## ルビーネックレス

春秋型。冬場に寒さと日光に
当たるともっとルビー色にな
り、秋から春にかけて黄色の
花が咲きます。寄せ植えの下
草におすすめです。

`どんなスタイルにも` `多年草`
`特に初心者向け`
`忙しい人向け`

## グラプトペタルム属
## ブロンズ姫

春秋型。こちらも定番の品種。冬になる
と赤く色づくタイプです。丈夫で育てやす
いです。

`どんなスタイルにも` `多年草`
`特に初心者向け` `忙しい人向け`

## セダム属
## グリーンペット

春秋型。すごく丈夫なセダムです。花は白色で、寄せ植えの隙間を埋めると良いアクセントに使えます。寄せ植えには必需品です。

> どんなスタイルにも　多年草
> 特に初心者向け　忙しい人向け

## セダム属
## ビアホップ

春秋型。丈夫なセダムで、ムチムチした見た目が人気です。ホップに似てるからこの名前がついたのでしょうか。

> どんなスタイルにも　多年草
> 特に初心者向け　忙しい人向け

## セダム属
## 虹の玉

春秋型。多肉植物の中でも非常に人気が高く、冬場に寒さに当たると真っ赤に紅葉します。花は黄色です。艶があってかわいらしい品種です。

> どんなスタイルにも　多年草
> 特に初心者向け　忙しい人向け

## クラッスラ属
## 火祭り

夏型。冬場に寒さと日光に当たると真っ赤に紅葉します。写真よりももっと赤くなり綺麗です。

どんなスタイルにも　多年草
特に初心者向け　忙しい人向け

## クラッスラ属
## 玉稚児

冬型。よくよく見るとマットな質感で綺麗で繊細な多肉です。チンアナゴファンに密かに人気です。冬型なので夏にすごく弱いです。

どんなスタイルにも　多年草
特に初心者向け　忙しい人向け

## クラッスラ属
## 星の王子

春秋型。星形のクラッスラの代表品種です。色が美しく、これも寄せ植えに重宝します。

どんなスタイルにも　多年草
特に初心者向け　忙しい人向け

## ギムノカリキュウム属
### 牡丹玉 （ボタンギョク）

肌色が赤っぽいものや黒っぽいもの、灰色っぽいものなどさまざまな色合いがあります。小型種で花は白や淡いピンクです。

`どんなスタイルにも` `多年草`
`特に初心者向け` `忙しい人向け`

## エリオカクタス属
### 英冠玉 （エイカンギョク）

トゲのある稜線が王冠のように見えるのが特徴です。中型種で花は黄色。

`どんなスタイルにも` `多年草`
`特に初心者向け` `忙しい人向け`

## アストロフィツム属
### 鸞鳳玉 （ランポウギョク）

トゲがない。肌が緑色の壁瑠璃鸞鳳玉やコブができる複稜鸞鳳玉等バリエーションが豊富。中型種で花は黄色。

`どんなスタイルにも` `多年草`
`特に初心者向け` `忙しい人向け`

### エキノカクタス属
### 金鯱 （キンシャチ）

豪快な黄色いトゲが魅力的なサボテンの王様。世界で最も生産されているサボテンと言われています。大型種で花は黄色。

`どんなスタイルにも` `多年草`
`特に初心者向け` `忙しい人向け`

### マミラリア属
### 玉翁 （タマオキナ）

白い毛におおわれています。その中に細かな棘があるのでご注意を。中型種で花はピンク。

`どんなスタイルにも` `多年草`
`特に初心者向け` `忙しい人向け`

### エキノセレウス属
### 紫太陽 （ムラサキタイヨウ）

成熟してくると全体が紫色になる。太陽光線や寒暖差でより発色が良くなります。中型種で花は紫。

`どんなスタイルにも` `多年草`
`特に初心者向け` `忙しい人向け`

### 多肉植物・サボテンの
### 育て方のコツ

ほかのグリーンと育て方の基本は同じですが、水やりには少しコツがあります。多肉植物にそれぞれ記載している季節型は、そのグリーンが元気なシーズンになります。夏型であれば反対の冬は水やりを控え、様子を見るなど意識してみてください。

# 05

# ハーブ

せっかく育てるなら、食べられたり、使えたり
暮らしに生かせるものがいいですよね。
育てて、使ってうれしいグリーンです。

**失敗しない選び方**

### ① 葉の色や艶で元気か確認

まずは見た目で元気に見えるかどうか。弱ったものだと葉の色が黄色くなっていたり、艶
やハリがなく少し垂れたような見た目になっています。

### ② べちゃべちゃな土は要注意

根が腐って水を吸えなくなった苗の土は、べちゃべちゃでずっしりしています。必ず確認
しましょう。

### ③ それぞれの特性を知る

一年草か多年草なのか、小型のままか大型になるのか把握して選びましょう。植えっぱな
しがよかったのに枯れてしまった、大きくなりすぎた……などを防ぐことができます。

## TOUR GUIDE

### 楠瀬 健太

まるふく農園／ M'MATOKA

高知県で食用や観賞用、宿根草まで約200種
類のハーブを栽培している。農薬も肥料も使わ
ず育てられたハーブは丈夫で初心者におすすめ。

## ブラックペパーミント

花期：初夏　収穫期：春〜秋（葉）／初夏（花）

ホワイト種とブラック種があり、ブラック種は
スーッとする香りが比較的強いです。ハーブ
ティーとしての利用が多いですが、レモングラス、
レモンバームなどと組み合わせた方が飲みやす
いです。フレッシュでもドライでも楽しめます。
································· 10 〜 30cm

どんなスタイルにも　多年草

飲み物に使える　料理に使える

## フローレンスフェンネル

花期：春〜初夏　収穫期：春〜秋（葉）／初夏（種）

葉はサラダ、焼き魚にも使えるし、株元は2年目以
降の春に膨らんだものを収穫すると煮込み料理に使
えます。花が咲いた後に種が取れ、フェンネルシード
としてスパイスに利用できます。
································· 20 〜 40cm

どんなスタイルにも　多年草

料理に使える

## オレガノ

花期：春　収穫期：通年

料理に使います。通年収穫できますが、花
が咲く頃が香りが良くおすすめです。使うと
きは乾燥させたほうが香りがより立ちますよ。
トマトソースやイタリアンによく合うハーブ
です。
································· 10 〜 40cm

どんなスタイルにも　多年草　料理に使える

## ムスクマロウ

花期：初夏　収穫期：初夏（花）

葉っぱでなく花をエディブルフラワーとして利用します。ピンク色の綺麗な花が咲き、育てやすく強健な品種で、マーシュマロウのように大きくならないのが特徴です。

......................................................... 10 〜 30cm

どんなスタイルにも　多年草　花を楽しむ
料理に使える　夏に楽しむ

## マーシュマロウ

花期：初夏　収穫期：初夏（花）

マシュマロの語源となったハーブで、この植物の根っこを煎じてマシュマロを作っていたそうです。薄紫の綺麗な花が咲きエディブルフラワーとしても利用できます。

......................................................... 10 〜 30cm

どんなスタイルにも　多年草　花を楽しむ
料理に使える　夏に楽しむ

## コモンマロウ

花期：初夏　収穫期：初夏（花）

お花を収穫して乾燥させたらブルーのハーブティーが作れます。レモンを入れるとピンク色に変化します。大きくなるので鉢植えより地植えがおすすめ。

......................................................... 10 〜 30cm

どんなスタイルにも　二年草　花を楽しむ
飲み物に使える　夏に楽しむ

## ルッコラ

花期：春　収穫期：秋〜春

ほのかにゴマのような香りで、味は少しピリッと辛く、苦味も持っていますが、栽培方法や食べる時期によっても味が変わってきます。人気のサラダハーブです。

.................................................... 10 〜 20cm

`どんなスタイルにも` `多年草` `料理に使える`

## ルッコラ セルバチコ ローマロッソ

花期：春〜初夏　収穫期：春〜秋

セルバチコの中でも珍しい赤軸の品種。冬場休眠するタイプで春になったら出てきます。生葉をサラダに利用できます。見た目もかわいいし、味はルッコラと同じでいいアクセントになります。

.................................................... 10 〜 20cm

`どんなスタイルにも` `多年草`
`料理に使える`

## ジャーマンカモミール

花期：春〜初夏 収穫期：春〜初夏

利用するのは花です。収穫すると
生花は青リンゴのような爽やかな
香りがします。ドライにすると甘み
のある香りになり、ハーブティーに
使います。できるだけ株を霜に当
てて凍らせてあげた方が花が丈夫
に育ちます。

························· 10 〜 20cm

どんなスタイルにも　一年草
飲み物に使える

## マスタードグリーン

花期：春 収穫期：秋〜春

成長していくと葉っぱのフリルが強くなっ
ていきます。サラダにおすすめで、とても
おいしいです。肥料をやりすぎるとアブラ
ムシが出てくるので注意が必要です。

························· 10 〜 20cm

どんなスタイルにも　一年草
料理に使える

## ボリジ

花期：春〜初夏　収穫期：春〜初夏

葉っぱは食べず、エディブルフラワーとして花を食べます。春先にブルーの花が咲き、食べるとウリっぽい味がします。大きくなればたくさん花が取れます。大株になるので単体植え、地植えがおすすめです。

·····································10 〜 20cm

どんなスタイルにも　一年草
料理に使える　春に楽しむ

## イタリアンパセリ

花期：春〜初夏　収穫期：通年

料理の添え物として使われているパセリに対し、イタリアンパセリは香りも味もクセが少なく食べやすいハーブで、サラダや煮込み料理など幅広く利用されます。香りが高く使いやすいハーブです。

·····································10 〜 20cm

どんなスタイルにも　一年草
料理に使える

# 06
# 庭木

庭木を植えると、外構の印象を変えるだけではなく、
屋外でのアクティビティが充実し、窓からの景色も変化します。
庭を持つ全ての人におすすめのグリーンです。

失敗しない選び方

##  鑑賞以外の用途も大切

見て楽しめるというのはもちろん大切ですが、他にも収穫して食べたり、クラフトに使ったりと用途があるとグリーンと関わる機会も増え、手入れへの意識が変わってきます。

## 2 ショップの売り場を参考にする

ショップでは、できるだけそれぞれのグリーンにあった置き場所を選びます。方位や光の当たり具合など、置きたい場所の参考にしましょう。

##  欲しいサイズの80%くらいがベスト

観葉植物と違い、庭木は成長がとても早いです。かといって小さいポットから育てて理想の樹形にするのは至難の技。あと少し枝が伸びたらいいなくらいのものを選びましょう。

TOUR GUIDE
### 石井 那実
the Farm GARDEN

全ての人が楽しめる植物の楽園『the Farm UNIVERSAL』内にあるガーデンデザインオフィスにて植物のある豊かな暮らしを提案する。

## ロシアンオリーブ

オリーブに似ているがシルバーリーフが美しいグミ科の樹木で食べられる赤い実がなるのが特徴。寒さと乾燥に強い。寒冷地以外では葉を落とさず常緑樹として越冬することもあります。

················································ 140 ～ 200cm

シンプル 　北欧 　実を楽しむ 　常緑樹
料理に使える 　秋に楽しむ

## カリステモン
## キングスパークスペシャル

初夏にブラシ状の特徴的な花が咲き、ドライフラワーにすることもできます。幹肌は風合いのある灰褐色。成長スピードは緩やかで、日当たりを好みます。

················································ 120 ～ 200cm

シンプル 　インダストリアル 　花を楽しむ
常緑樹 　ドライフラワーになる
夏に楽しむ

### レプトスペルマム
### カッパーグロウ

ティーツリーの仲間で、美しく紅葉した銅葉が楽しめる品種。初夏に梅のような白いかわいらしい小花を咲かせます。

······································· 120 〜 200cm

和風　インダストリアル　花を楽しむ
常緑樹　ドライフラワーになる
夏に楽しむ

### グレビレア
### エンドリチェリアナ

オーストラリアに250種以上が分布しているグレビレア。丸く育ち、大きくなりすぎないので、庭だけでなくベランダにもおすすめ。シルバーの細長い葉が魅力的で、春にパープルピンクの花をたくさんつけます。

······································· 80 〜 140cm

インダストリアル　リゾート
花を楽しむ　常緑樹　春に楽しむ

## ドドナエア

春夏は緑色、秋から冬にかけて赤銅色に紅葉する珍しい常緑樹です。ブッシュ状に自然と丸く病害虫に強い品種です。

···························· 80 〜 160cm

`シンプル` ▶ `北欧` ▶ `常緑樹` ▶ `秋に楽しむ`

## ニューサイラン
## プルプレア

緑葉や銅葉など葉の色味はさまざまで、1
本あるだけで一気にこなれた雰囲気が出
ます。剪定も難しくなく、ドライガーデン
やオージープランツとよく合います。

················· 40 〜 100cm

> リゾート 〉 インダストリアル 〉 虫がつきにくい 〉
> 多年草 〉 忙しい人向け 〉

## ホワイトソルトブッシュ

耐寒性、耐暑性のある常緑低木。シルバー
リーフが特徴。寒くなると葉の一部が紅
葉し、花が咲いているような風合いになり
ます。

················· 40 〜 80cm

> シンプル 〉 北欧 〉
> 虫がつきにくい 〉 常緑樹 〉
> 特に初心者向け 〉

## リューカデンドロン

南アフリカ原産の別名ワイルドフラワー。た
くさん種類があり、切り花、ドライフラワー
としても人気の常緑低木です。

················· 40 〜 80cm

> リゾート 〉 インダストリアル 〉
> 花を楽しむ 〉 常緑樹 〉 ドライフラワーになる 〉
> 冬に楽しむ 〉

### バーケア
### リニフォリア

細葉が軽やかに枝垂れている面白い樹形で
す。花は四季咲きで白い小花がかわいらしく、
とても綺麗なオレンジ色に紅葉します。
............................................ 40 〜 100cm

> シンプル　> インダストリアル
> 花を楽しむ　> 常緑樹　> 秋に楽しむ

### ブッドレア
### シルバーアニバーサリー

シルバーリーフが上品な落葉低木です。
花は夏〜秋。乾燥に強く、強健なのでロー
メンテナンスで育てられるのが魅力です。
............................................ 40 〜 80cm

> シンプル　> 北欧
> 花を楽しむ　> 落葉樹　> 特に初心者向け

### クリスマスローズ

冬を代表する多年草です。たくさんの種類があり、お好みの色や花を楽しめるのでオススメ。明るめの半日陰～日陰で育てるのが○。

························· 20 ～ 40cm

どんなスタイルにも
暗めの場所でもOK｜多年草
特に初心者向け｜冬に楽しむ

### リシマキア
### ペルシャンチョコレート

5月頃黄色い花が咲く、ブロンズ色のカラーリーフがシックなグランドカバー。日陰でも育ち優秀ですが、寒さが厳しいエリアでは落葉します。

 ························· 10 ～ 20cm

どんなスタイルにも
暗めの場所でもOK｜多年草
特に初心者向け

### ラミウム
### スターリングシルバー

地植えにすればグランドカバーに最適。日陰の湿り気を好み、寒さに触れると葉がピンクに色づきます。冬は落葉しますが春に戻ります。

························· 10 ～ 20cm

どんなスタイルにも
暗めの場所でもOK｜多年草

### ロニセラ
### エドミーゴールド

日当たりのいいところでも葉焼けしづらく、匍匐性のためグランドカバーに最適。寄せ植えにも適した、明るいカラーリーフです。

·····························10 〜 20cm

どんなスタイルにも
多年草 　特に初心者向け

### フォックスリー
### タイム

匍匐生の丈夫なタイム。斑入が特徴的で、スパイシーな香りはぜひ試してほしい。花は5 〜 8月、乾燥にも寒さにも強いですが、寒さが厳しいエリアでは落葉します。

·····························10 〜 20cm

どんなスタイルにも
虫除け効果 　多年草
料理に使える 　忙しい人向け

グ
リ
ー
ン
を
使
お
う
！

飲んで、食べて、使って。自分の手でもっと楽しんでみましょう。自分で育てたグリーンを、どれも簡単なものばかりなので、ぜひ実践してみて。

## FOR DRINK

### ミントコーヒー

HOW TO: アイスコーヒーやホットコーヒーを淹れた後、キッチンハーブやベランダ菜園などで育てたミントをトッピングするだけ。ミントには胃腸の消化を促進したり、イライラした気分を落ち着かせリラックスした状態にしてくれる効果が。おうち時間のお供にコーヒーアレンジを楽しんでみましょう。

おすすめGREEN：ペパーミント、スペアミント、アップルミント、パイナップルミントなど

## FOR FOOD

### ハーブソルト

収穫したグリーンをできるだけ細かく刻み、塩と1：1の分量で混ぜ合わせるだけ。酸化が早いバジルやレモンバーム、ミント類はその日の使用をおすすめ。タイム、ローズマリーなどは1週間程度使用できます。シンプルに肉や魚にかけて食べても、フレーバーオイルと組み合わせてサラダやバゲットにつけて食べても本当においしい。

おすすめGREEN：長く使いたいなら…タイム、ローズマリー　すぐ使うなら…バジル、レモンバーム、イタリアンパセリなど

## FOR CRAFT

### ボタニカルラッピング

HOW TO：庭やベランダで育てたグリーンを小さくブーケにして麻紐で結んだものをテープやのりで貼り付けて完成。ブーケにするのが難しい人はカットしたものを貼り付けるだけでもOK。ドライでも楽しめるグリーンを選ぶのがポイント。自宅のいろんなグリーンで試してみて。

おすすめGREEN：グレビレア、バンクシア、オリーブ、ロシアンオリーブ（ヤナギバグミ）、ユーカリ、アカシア、ウエストリンギアなど

## フレイバービール

HOW TO：収穫したお好みのハーブをトッピングするだけでも爽やかな香りのビールを楽しめますが、オリジナルのクラフトビールを作るくらいの本気度で楽しみたい人は、収穫したハーブをぎりぎり浸るくらいの水をいれた鍋で10分くらい煮立たせ、濃いハーブティーを作ります。茶漉しで水分だけを取り出し、ハーブティー：ビールを1：9の割合で混ぜて完成。好みでレモンを絞って飲んでみて。
おすすめGREEN：オレガノ、セージ、タイム、ディル、ミント、レモンバーム、ローズマリーなど

## フレイバーオイル

HOW TO：ローズマリーやタイムなどお好みのグリーンを収穫後、水洗いし、しっかりと乾かしてからオリーブオイルに入れるだけ。お好みでニンニクや唐辛子を入れるとスパイシーなフレーバーオイルが完成。漬けてから3〜4日で風味が出てきます。使用期限は特にありませんが、中のグリーンが黒くなってきたら入れ替えましょう。
また、ハーブが空気に触れるとカビが生えることがあるので、こまめにつぎ足しましょう。
おすすめGREEN：ローズマリー、タイム、バジル、オレガノなど

## ボタニカルサシェ

HOW TO：サシェとは、フランス語で香料や乾燥ハーブを詰めた小さな香り袋のこと。2〜3種類お好みのグリーンを100円ショップなどに売られている不織布のティーパックなどに詰めて巾着袋に入れて完成。ハンガーにかけて洋服の防臭抗菌目的で使ったり、カバンの中に入れて香りを楽しんでみましょう。香りがなくなったら中身の入れ替えを。
おすすめGREEN：ユーカリ、ローズマリー、オリーブ、レモングラスなど香りがあり、ドライで楽しめるものであればなんでも

# 世界中から
# グリーンを届ける
# プラントハンター

お店に並んでいる
グリーンの中には、
国内外から運ばれて来たものが
たくさんあります。

その架け橋となっているのが、
プラントハンターと呼ばれる人たち。

聞きなれない言葉ですが
一体どんなことをするのでしょうか。

**プラントハンターとは
どんなことをするのでしょうか?**

僕の場合ですが、バイヤーとして主に観賞用のグリーンの国内外の生産地を巡り、生産者さんとコミュニケーションを取ってグリーンを仕入れたり、販売したり、各地の生産者さんたちと協力して新しい形や品種のグリーンを生産する計画を立てたりして人と緑をつなげる役割を担っています。

**世界中の生産地まで足を運ぶんですね。
大津さんはなぜ
この仕事を選んだんでしょうか?**

目に見えないものや加工するものに興味が湧かず、自然の中にあるものを生かして働ける仕事につきたかったんです。大学は農業大学に進み、グリーンの持つパワーを学び、就職した会社では、グリーンを美しく装飾し育てる技術を学びました。ただ、その過程で「どんなに複数のグリーンで装飾をしても、一本のグリーンの魅力には勝てない」と思うようになりました。もっとグリーン

**大津 宙**

the Farm UNIVERSAL

バイヤー・ディレクター

の圧倒的な力に出会い、その感動を伝えたいという気持ちから、国内外のグリーンを見て回るようになりましたね。

**調達するときに意識している
ポイントはありますか？**

流行りや定番で名前が知られているものに偏らないようにしていることと、「初めてグリーンを手に取る人へ」「グリーンとの暮らしが楽しくなってきた人へ」など、具体的なお客様の顔を想像して、イメージを膨らませながらセレクトすることを意識しています。毎回同じものを調達するわけではなく、生産者さんとコミュニケーションを取りつつ「遊び心」や「生命力」を感じるものをバランスよく入れていきたいなと思っています。

**大津さんがそんなふうに選んでいると知ると、
お店で選ぶのがもっと楽しくなりそうです。
やりがいを感じる瞬間は
どんなときでしょうか？**

生産者さんとお客様をつなぎ、お客様の声を生

産者さんに伝える橋渡しの役割が広がってきていることがうれしい。また、さまざまなグリーンを調達することで、園芸文化そのものに関心が高まりグリーンを愛でる人が増えることにやりがいを感じます。

**グリーンを通して、
人と人の架け橋になっているんですね。
この仕事に就くための条件などありますか？**

特に必要な資格はありません。グリーンの知識、コミュニケーション能力、一番大切なのはグリーンへの愛ですね。生産地の環境はとてもハードで、現地の生産者さんとのコミュニケーションも容易なことではありません。愛を持って真剣に粘り強く「グリーンを届けたい」という気持ちがないとグリーンにも育てている人にも伝らないと思っています。

# 実例集
# 暮らしで変わる
# グリーン選び

# 賃貸マンション×1人暮らし

部屋がシンプルなので、雰囲気の合うものや、ポイントになるものが欲しいです。平日は仕事があり、家を空けることが多く、猫がお留守番しています。出勤前の朝と土日は水やりやお手入れができそうです。ベランダも有効に使えるとうれしいので、手軽なガーデニングにもチャレンジしてみたいです。

| 家族 | 1人暮らし＋ペット | 住居 | 賃貸/マンション | 仕事 | 会社員（フルタイム）

PLANNER ADVICE

## ペットに安全なことが最優先！

グリーンを選ぶときは、最初に外せない条件から考えます。今回は、ペットにとって安全であることが最優先。グリーンには毒性が強いものもあるので誤って食べても安全かという点に注意しましょう。次に大事なのが「妥協しない」こと。1Rのお部屋に飾れるグリーンは、大きいものだと1本程度です。納得したものを選ぶことで長くグリーンを楽しむことができます。

## 01 パキラ

観葉植物の中でも不動の人気を誇るパキラは、葉や幹に毒性がなく安心して育てられる樹木です。ペットにイタズラされない、食べられないグリーンを選ぶためには、枝や葉が頭部に集中している樹形のものを選ぶのがポイントです。

P14に掲載

## 02 サンスベリア シルバーキング

窓を閉め切ってしまう時間が長い方におすすめなのが空気をきれいにする効果の高いこのグリーン。毒性もないのでペットがかじっても安心です。

P19に掲載

## 03 リプサリス

森のサボテンと呼ばれるハンギンググリーン。とにかく虫がつきにくく、うっかり水やりを忘れてもなかなか枯れない優秀なグリーン。カーテンレールに引っ掛けて飾ることでペットのイタズラを防げます。

P18に掲載

## 04 多肉植物・サボテン

水やりや手入れが簡単でおすすめなのが多肉植物やサボテンです。日当たりのいいベランダで管理してください。自分好みの色や形を探すことができるのが醍醐味です。

P88〜93に掲載

## 02

# 賃貸マンション×夫婦2人暮らし

僕は週5日のフルタイムで働いていて、 規則的な生活をしているので僕がお世話をすることが多そうです。 料理が好きなので、 料理に生かせるグリーンを育ててみたいですね。 あとは2人でベランダでコーヒーが飲めて、 ゆっくり過ごせたらいいなって話してます。

部屋は、 ラタン素材や木材のナチュラルな家具で揃えています。 私はリモートワークで、 基本的には家で仕事してるのでグリーンでリラックスできる空間をつくりたいです。

| 家族 | 夫婦2人暮らし | 住居 | 賃貸/マンション

| 仕事 | 夫/会社員（フルタイム）　妻/会社員（フルタイム・リモートワーク）

## それぞれの目的と役割分担を忘れずに!

グリーンを選びに行くと、 見た目のかわいさやかっこよさに惹かれ、目的やライフスタイルとの相性を忘れてしまうことがあります。 購入してから「見た目は好きだけどお世話ができない……」となると本末転倒です。 お2人の理想のシーンを描き、 お世話できるグリーンを選びましょう。

## 01

### シーグレープ

ゴムノキに似た、真ん丸な葉が特徴のグリーン。かわいい見た目と、原産地では海辺に育つ野性味あふれる幹肌が、ナチュラルな空間に映えます。　P31に掲載

## 02

### ドラセナ ジェイドジュエル

ジュエルと名前がつくほど葉がツヤツヤで美しい植物。小さいですが、乾燥に強いので水やりも楽でおすすめ。濃い緑と白のコントラストがテーブルを一気に明るくしてくれます。　P17に掲載

## 03

### コルジリネ ストリクタ

お仕事に集中できる落ち着いた色味で、管理の手間がかからないものをチョイス。上に向かう葉は仕事運を上げるとも。　P35に掲載

## 04

### グレビレア ロビンゴードン
### リスボンレモン

ベランダでゆっくり過ごすための目隠しになり、成長がゆっくりで大きくなりすぎず、限られたスペースに最適なものを選びました。料理用に育てやすい果樹であるリスボンレモンを一緒にコーディネート。　P49,61に掲載

# 持ち家・戸建て×家族4人暮らし

新居のグリーンを選びたいです。インテリアは妻が好きな北欧系のくすんだカラーで統一。庭は僕の好きな経年変化を楽しめるインダストリアルな雰囲気で揃え、友人を招いてBBQしたり子供と楽しめる場所にしたいです。

私は週1回の出社ですが、子供を保育園に預けている間は仕事に集中したいので、休みの日に夫と分担してお手入れしたいと思います。ハーブを暮らしに取り入れることに憧れています。

| 家族 | 家族4人暮らし | 住居 | 持ち家/戸建て | 仕事 | 夫/会社員 |

（フルタイム・週2リモートワーク）妻/会社員（フルタイム・リモートワーク）子供2人/保育園

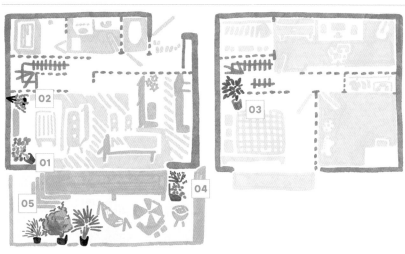

PLANNER ADVICE

## 無理せず家族で楽しめるものを選びましょう！

新しいお家が完成すると、グリーンも理想の種類と量を一気に揃えたくなってしまいます。しかし、お子さんが小さく環境が変化したばかりのタイミングは、「無理なく育てられるボリューム」で楽しみましょう。後々、少しずつ揃えていくと安心です。

## 01 ベンガレンシス

シンボルツリーとして人気のゴムノキの中でも、特に丈夫で育てやすく水やりの頻度が少ないものをチョイス。北欧インテリアにもぴったり。　P12に掲載

## フィッシュボーンカクタス 02

テレビ上のダクトレールを活かして天井からもグリーンを下げてみましょう。ハンギングの中でも多肉・サボテンの仲間は管理も楽な上に見た目も個性的で飾るだけで楽しい気分に。　P19に掲載

## 03 ツピタンサス

濃い色の葉っぱが落ち着いた雰囲気。比較的暗いところでも育つので寝室に置いても安心です。　P33に掲載

## 05 アカシア フロリバンダ
## ニオイシュロラン
## カレックス ブロンズカール

アカシアの中でもワイルドな葉とボリュームのある樹形で人気のフロリバンダは、春になると花が咲くので子供と観察する楽しみも。インダストリアルな雰囲気のあるニオイシュロランやカレックスなどバランスよく組み合わせることでリビングからの景色もバッチリ。　P49,55に掲載

## 04 ローズマリー
## アルテミシア コーラプラント
## ペパーミント

育てやすい、使える、香りに癒されるハーブを厳選。ローズマリーはハーブ塩や、肉魚料理に使えます。コーラプラントはヨモギの仲間でコーラの香りが虫除けに。ミントはお湯に入れてフレッシュハーブティー、刻んでビールに入れてミントビールにすると◎。　P45,47に掲載

LIFE GREEN GUIDE

# 初心者のための
# 基礎知識

# グリーンが生きるために
# 必要なもの

グリーンが幸せに生きていくために
必要不可欠なものを知っていますか？
初めて育てる人もそうでない人も、改めて確認してみましょう。

**01**

# 光

光合成をして栄養を得るためには光が必要です。明るい場所が好きなものや比較的暗い場所が好きなものに分かれます。

Water **02**

# 水

グリーンの体は80%以上が水でできています。そのため、水やりは私たちにとっての食事のようなもの。光同様、種類によって必要量に差があります。

Wind **03**

# 風

忘れてしまいがちなのが風。風がないと光合成に必要な$CO_2$が滞ってしまうことと、土が乾きにくくなり根腐れが起きやすくなります。

Temperature **04**

# 温度

人間が冷暖房を入れないと過ごしづらいと感じるように、グリーンも気温・室温に影響されます。個体差はあるものの、約10℃〜30℃が適温と言われていて、水やりやお手入れも調整が必要です。

# 水やりの基本と季節の管理

グリーンを育てるときに、どんな作業がどれくらいの頻度で発生するのか
自分のライフスタイルと合っているのかを考えるのはとても大切です。
選ぶ前に自分のグリーンライフをイメージしておきましょう。

## 水やりの基本

グリーンの管理で一番多い失敗がインドアグリーン
→水分過多による根腐れ、アウトドアグリーン→乾
燥による水枯れです。室内では水のあげすぎやタイ
ミング、外では水やりをうっかり忘れないように注意
しましょう。

### 1 「根」に新鮮なお水を 届けるつもりでたっぷりと

水は「根」から吸収するため、根に届くようにしっか
りあげる必要があります。ちょろちょろっと土の表面
だけに水やりしても根には酸素が入った新鮮な水
が届かず、呼吸困難になり根腐れを起こしてしまい
ます。水やりをするときは「根に新鮮なお水を届け
る!」という気持ちでたっぷり与えましょう。

## 季節の管理

それぞれの季節でグリーンのお手
入れは変化していきます。育てる
環境やグリーンの種類によっても
異なるため、あくまで目安として理
解しておきましょう。

※水やりの頻度は、水の環境ステータ
スが「普通」のグリーンを基本に、目安
の水やり回数を記載

### 春

肌寒い〜ポカポカ陽気の
過ごしやすい時期

水やり
2〜3日に1回
その他の作業
植え替え

### 梅雨

降水量が多く湿度が高い
ジメジメ期

水やり
室内も外も湿気で土が乾きにく
い状態。春より頻度は控えめに
その他の作業
降雨が続く場合は鉢移動

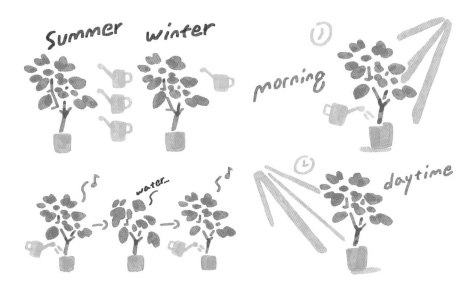

## 2 季節による水の管理は「量」ではなく「頻度」を変える

夏や冬になるとついつい1回の水やりの量を増やしたり減らしたりしたくなりますが、①でお伝えした通り、大切なのは「根に届く水の量」と「新鮮な水の循環」です。根腐れは水の量が多すぎて土が乾かず、新鮮な酸素入りの水が循環しないことから起こります。そのため、季節の調整では量は変えず、水やり→乾く→水やりの頻度の調整をしましょう。

## 3 水やりのタイミングは朝

水やりは基本的に朝に行いましょう。できるだけ決まった時間帯にルーティンとして組み込むことをおすすめします。太陽がのぼってグリーンが活動し始めたら水分を使い始めるので、朝水やりをして暖かい日中でしっかり乾き、また水やりができる状態になるのが理想です。真夏のベランダ、お庭のグリーンは必要に応じて夕方も水やりを追加しましょう。

---

| 夏 | 秋 | 冬 |
|---|---|---|
| 日差しが強く<br>気温が高い時期 | あたたかく過ごしやすい<br>～肌寒い時期 | 雪が積もりはしないが<br>とても冷える時期 |
| 水やり | 水やり | 水やり |
| 1日1回～2回 | 2～3日に1回 | 1～2週間に1回 |
| その他の作業 | その他の作業 | その他の作業 |
| 台風時期は強風対策 | 植え替え | 雪や霜などの寒さ対策 |

# 合わせて揃えたいGREEN TOOLS

### ① ジョーロ

見た目も大切ですが、日々の水やり量を考慮した容量や素材で選ぶことが何より大切。省スペースな折り畳めるデザインもおすすめ。

### ② 霧吹き

乾燥する季節、病害虫防止のため観葉植物への葉水は必須。薬剤散布にも使用する。

### ③ スコップ

土を掘ったり、プランターに土を入れたりするのに使用する。あまり使用しない人は折り畳みできるタイプがおすすめ。

### ④ 園芸バサミ

花や細い枝などに使用する園芸専用のハサミ。

### ⑤ 剪定バサミ

樹木や大きな観葉植物の太枝など、軽い力である程度太さのある枝も簡単に切れる。

### ⑥ 土

それぞれグリーンに合ったブレンド土を選ぼう。おすすめは室内外すべてのグリーンに使用できる『バイオゴールドの土 ストレスゼロ』。

### ⑦ 鉢

鉢底に穴が開いており、直植えすることができる。陶器や素焼き、プラなどさまざまな素材・サイズがある。

### ⑧ 鉢カバー

穴が開いておらず、購入した鉢植えと下皿を中に入れて使用する。布や防水紙でできたモノは使用しないときに折り畳めて便利。カゴ素材も多用途に使えておすすめ。

### ホース ⑨

広範囲に一気に水やりするのに便利。おすすめはリールを巻く必要がない伸縮性のあるホース。

### ホウキ&チリトリ ⑩

作業後に土や葉をささっと掃除する専用の道具はあると便利。

### レジャーシート ⑪

植え替えなどの作業のとき、土や葉が掃除しやすいので1枚あると便利。

### 不織布ポット ⑫

ベランダでのハーブや果樹栽培におすすめ。軽くて安価で育てやすいのが特徴。土が流れ出ないところも○。

### 給水キャップ ⑬

夏場、数日不在が続くときに便利なのが給水キャップ。ペットボトルの先に取り付けて土にさしておけば、じわじわと水やりしてくれる。

### ラベル ⑭

植物の名前や植えた日を記入しておくのに便利。

# Q&A 室内編

## Q 買ってきた観葉植物、植え替えは必要なの？

買ってきたばかりの観葉植物の植え替えは基本的に必要ありません。テーブルサイズの小さな観葉植物を鉢に直接植えたい場合を除き、環境の変化に加えて植え替えなどで根を傷つけてしまう恐れがあるので2年くらいはそのまま管理した方が安全。しばらく育ててみて土が指で掘れないくらい根が詰まってきたら植え替え時期です。真夏を除いて、5月から10月くらいの間で植え替えしましょう。

## Q 肥料って必要なの？

鉢で育てるグリーンにはあった方が丈夫に育ちます。肥料は人でいうとビタミンのような存在。なくて枯れることはないけれど、全く野菜を食べずに生きるとバランスを崩しますよね。庭植えの植物は虫や落ち葉などの栄養が土の中で循環し肥料となっていますが、その循環がないので肥料で助けてあげます。室内やベランダは虫が来ないように無機肥料※がおすすめ。

※無機肥料…有機成分を含まないので虫が来にくい肥料

## Q 長期で留守にする場合の水やりはどうしたらいい？

冬場を除いて、長期で水やりできない場合は、出かける前に鉢底から水が流れ出るくらいしっかり水やりをしましょう。期間や樹種にもよりますが、5日以上空ける場合は受け皿やバケツなどに水を溜めて浸けおきしましょう。また100円均一などで販売されている給水用キャップは、ペットボトルの口につけて土にさすことで、じわじわと水やりをしてくれるのでおすすめです。

## Q コバエが飛んでいるときの対処法はありますか？

コバエは湿気の多い梅雨前くらいに多く現れます。そんなときは、土と受け皿に対策をしましょう。具体的には受け皿に水が溜まっていたら捨てて綺麗に洗う。そして土表面近くを飛んでいた場合は土に発生している可能性が高いので、表面の土2cm程度を優しく取って、肥料分のない新しい観葉植物の土に入れ替えてください。それでも解決できない場合はコバエ用のスプレーがあるので購入して吹きかけましょう。

## Q 葉っぱが茶色くなったときはどうしたらいいですか？

水不足が考えられます。天気のいい日の朝にたっぷりと水やりをしてください。日中はできるだけ明るく風通しのいいところに置いて、水と空気の入れ替えをしてあげましょう。

## Q 葉っぱが黄色くなったときはどうしたらいいですか？

根腐れが起きている可能性があります。土が乾かず、根が呼吸困難になっているかも。慌てて水やりをしてしまうと一気に枯れてしまうので、風通しのいいところで土が乾くのを待ちましょう。乾きが遅ければ土の水はけが悪い状態なので植え替えを行いましょう。

# Q & A ベランダ・庭編

## Q 基本的な剪定の方法はどんなものですか?

さっぱりしたいときは、込み入った枝をカットし風通しが良さそうな姿に調整しましょう。

高さを抑えたいときは、一番太く成長している幹をカットします。理想の高さの枝を選び、そのつけ根から数cm上部をカットしましょう。

## Q ベランダガーデンの注意点はありますか?

排水溝、台風、大規模修繕!この3点につきます。1点目、ベランダでガーデニングを楽しむ場合、土や葉っぱが排水溝に詰まってしまうことがあります。お隣や階下の方に漏水で迷惑をかけるのでマメにお手入れしましょう。2点目、台風などの大雨強風です。マンションの高層階では地上よりはるかに強い風の影響を受けることがあります。台風の前に動かせる鉢は避難、動かせないものは固定などして対策しましょう。3点目、ベランダは共有部のため大規模修繕が10数年に1回ある際はものをすべて避難させる必要があります。

## Q 庭づくりするときの樹木選びにコツはありますか?

シンボルツリー
添えの木1
添えの木2

漢字の「山」をイメージして3本樹木を選んでください。シンボルツリー、添えの木1と2のイメージです。それだけでバランスが取れますが、さらにワンランク上のガーデンを目指すなら、3本の樹木の足元に下草低木を植え込みましょう。その際、細かい葉がたくさんある「点」の要素になるもの、グラスなど細葉の「線」要素になるもの、葉の表面積が大きい「面」要素になるもの、この3つをバランスよく盛り込むと一気にこなれた庭が完成します。

## Q どんな土を選ぶのがいいですか？

ベストは専用培養土です。ホームセンターに行っても店内外にたくさんの種類があり土選びも悩みますよね。土はたくさんの種類をブレンドして作るものですが、自分でグリーンに合わせて配合していくのはハードルが高すぎるので、少しお高くても観葉植物の土、サボテンの土、庭木の土、果樹の土など、グリーンに合った専用培養土を選びましょう。土はグリーンにとって一番大切な暮らしの基盤です。ここはケチらずコストをかけましょう。

## Q 植えっぱなしでも育つものはありますか？

「常緑樹」「多年草」を選んでください。お店には一年で枯れてしまう「一年草」や冬の間だけ地上部が枯れてしまう「宿根草」も分け隔てなく並んでいることがあります。旬の花をシーズンだけで楽しみたいのであれば「一年草」を。植え替えの手間なく育てたいのであれば「常緑樹」「多年草」を選びましょう。ほとんど苗のタグに書かれていますが、書いていない場合はお店のスタッフに確認を。

## Q 落葉樹と常緑樹ってどう違うの？

落葉樹は冬に葉っぱを全て落とし、春になるとまた芽を吹かせます。常緑樹は冬も葉っぱが落ちず年中緑の樹木です。ベランダやお隣との距離が近い狭い庭には常緑樹を選びましょう。ただ、落葉樹は花が咲いたり紅葉したり、季節を感じられるものが多いので、スペースに余裕があり、落葉期に掃除の手入れができるようであればおすすめです。

# 索引

本誌に登場するグリーン（五十音順）

# the Farm UNIVERSAL / the Farm GARDEN

全ての人が楽しめる植物の楽園として、室内外のグリーン、生活雑貨、ガーデンツールが揃うグリーンライフスタイル専門店を展開。緑いっぱいの空間とおいしい食事で特別な日常が体験できるFARMER'S KICTHEN と、緑のある暮らしをお家や店舗に取り入れることができるガーデンデザインオフィス the Farm GARDEN を併設しています。

### the Farm UNIVERSAL OSAKA ／ the Farm GARDEN OSAKA

| 住所 | 〒568-0095 大阪府茨木市佐保193-2

| 営業時間 | 平日：10:00 〜 17:00　土日祝：10:00 〜 18:00　※季節により変更の可能性有り

| 定休日 | 定休日なし　※年末年始休業有り

| Instagram | @thefarmuniversal ／@thefarmgarden.osaka

### the Farm UNIVERSAL CHIBA ／ the Farm GARDEN CHIBA

| 住所 | 〒263-0001 千葉県千葉市稲毛区長沼原町731-17 フレスポ稲毛 センターコート内

| 営業時間 | 平日：10:00 〜 17:00　土日祝：10:00 〜 18:00　※季節により変更の可能性有り

| 定休日 | 不定休 | Instagram | @thefarm_chiba ／@thefarmgardenchiba

### the Farm UNIVERSAL MINAMIMACHIDA

| 住所 | 〒194-0004 東京都町田市鶴間3-4-1グランベリーパーク内

| 営業時間・定休日 | 施設に準ずる（詳しくは南町田グランベリーパークHPをご確認ください）

| Instagram | @thefarm_minamimachida

| HPアドレス | https://the-farm.jp | オンラインショップ | https://uni-green.net

## サボテンランド　カクト・ロコ

多肉植物・サボテンの生産メーカー（株）カクト・ロコの直営店。
400種を超えるベンケイソウ科の多肉植物とそれに合わせた器や
雑貨、300種を超えるサボテン、コーデックス植物やレアな多肉
植物も取り揃えています。時期によっておすすめの植物が変化し
ていきますので、その時々の多肉植物たちを楽しんでいただける
Shopとなっています。

| 住所 | 〒431-2102 静岡県浜松市北区都田町1672-3 | 営業時間 | 10：00 〜 17：00

| 定休日 | 木曜、夏季・冬季休業、臨時休業有り

| 電話番号 | 053-401-3965 | HPアドレス | http://cactoloco.jp

| Instagram | @cactoloco

## まるふく農園

高知県高知市で食用ハーブを中心に観賞用、宿根草など約200種類のハーブを無農薬で育てているハーブ専門農園。炭素循環農法の考え方を基に、圃場では肥料や堆肥は使わず、炭素質（剪定枝や廃菌床など）を入れ、微生物を活性化することで植物を農薬も必要ない健康な植物に育てることを理想としています。苗は、農薬は使わず、肥料は最低限に効かすようにし、植えたときに健康に育つ苗を心がけています。

│ 住所 │ 〒780-0965 高知県高知市福井町512-1 │ 営業時間 │ 11:00 〜 17:00
│ 定休日 │ 日曜 │ 電話番号 │ 088-875-3826
│ HPアドレス │ http://www.marufuku.noen.biz │ Instagram │ @marufukufarm
│ オンラインショップ │ https://matokaherbs.thebase.in

# Feel The Garden／Terrariums

Feel The Garden では「都会で暮らす人に植物がある生活を提案する」をコンセプトに活動を行っています。その Feel The Garden が手がけるテラリウム専門店 Terrariums では植物たちが何年でも簡単な管理で育つテラリウムを取り扱い、さまざまな作風のテラリウム作品やテラリウム作成のための資材の販売、初心者から対応のワークショップを開催しています。

Terrariums 杉並店

| 住所 | 〒168-0062 東京都杉並区方南 2-21-23 吾妻ビル 2F

| 営業時間 | 11:00 〜 16:00 | 定休日 | 月曜〜木曜（祝日は営業）

Terrariums 清澄白川店

| 住所 | 〒135-0023 東京都江東区平野 1-9-7 深田荘リカシツ 2F

| 営業時間 | 13:00~17:00 | 定休日 | 月曜〜水曜 ※リカシツ営業カレンダーにより変更有り

| 電話番号 | 03-6874-7582 | HP アドレス | http://www.feelthegarden.com/
| Instagram | @feelthegarden

# 常葉植物園

エアプランツ（チランジア）を多品種・多数取り扱う専門店です。園芸店、雑貨店、チランジア専門店への卸販売がメインですが、一般の方向けに土・日・祝日を中心に温室での直売会やイベント販売を実施しています。直売会では、たくさんのチランジアの中から好みの形やサイズのものを実際に見て、手に取ってお選びいただけます。

| 住所 | 〒130-0014 東京都墨田区亀沢 3-9-1 アーバンフォレスト両国 6F
| 営業時間 | 10:00 ～ 17:00　土曜・日曜・祝日を中心に温室を一般開放し直売会を実施
（不定期開催のため、スケジュール・詳細はWEBページにてご確認ください）
| 電話番号 | 050-5848-7912 | HP アドレス | https://tokiwa-botanical.net/
| Instagram | @ tokiwa_botanical

# 園芸ネット

園芸用品の通販サイト「園芸ネット」は、人気の植物や珍しい品種など、植物の品ぞろえでは国内でトップクラスの通販サイト。草花や花木・果樹の苗、観葉植物、ハーブや野菜、球根・種など、ジャンルを限らず幅広い植物をご紹介しています。ご家庭で栽培を楽しんでいただけるよう、育てやすい品種を厳選し、特性や栽培方法も詳しく記載しているので、安心して植物をお選びいただけます。

| オンラインショップ | 園芸ネット本店　https://www.engei.net
楽天・YAHOOショッピングにも出店中。「園芸ネット」で検索ください。

# ハーブとガレット

「ハーブをもっと身近に感じて欲しい」食前にお出しするハーブティーは見た目にも美しく、そして香りが舞う。心地よく体に沁みわたる感覚を、まずはじめに感じていただきたい。そば粉、野菜、卵やお肉、ハーブなど、提供する食材は有機栽培や生産者さんが心を込めて育てた食材を厳選し、体の中からおいしいと感じ心を満たすお店です。

| 住所 | 〒576-0041大阪府交野市私部西2-17-1

| 営業時間 | open 11:00 〜 16:00 (L.O 15:30) | 定休日 | 日曜・月曜・祝日

| 電話番号 | 072-808-8665 | メールアドレス | herbtogalette@herb-to-galette.com

| HPアドレス | https://herb-to-galette.com | Instagram | @herb.to.galette

| Facebook | ハーブとガレット

| オンラインショップ | https://herbtogalett.thebase.in

# LIFE GREEN SELECT TOUR
## 暮らしに寄り添うグリーンと出会おう

2021年9月24日　第1刷発行

著者 ······························ 森田紗都姫

発行者 ·························· 木村行伸
発行所 ·························· いろは出版
　　　　　　　　　　　　　〒606-0032
　　　　　　　　　　　　　京都市左京区岩倉南平岡町74番地
　　　　　　　　　　　　　Tel 075-712-1680 Fax 075-712-1681

企画制作 ······················ いろは出版
装丁・デザイン・DTP ········ 三森健太(JUNGLE)
イラスト ························ 三平悠太
写真 ···························· 中居可奈子
印刷・製本 ···················· シナノパブリッシングプレス

URL https://hello-iroha.com
MAIL letters@hello-iroha.com